CULTURA MIDIÁTICA E IGREJA

SERVIÇO À PASTORAL DA COMUNICAÇÃO

COLEÇÃO PASTORAL DA COMUNICAÇÃO: TEORIA E PRÁTICA

A. *Série Manuais* (aplica, na prática, os conteúdos laboratoriais realizados no SEPAC)
   1. Rádio: a arte de falar e ouvir (Laboratório)
   2. Jornal impresso: da forma ao discurso (Laboratório)
   3. Publicidade: a criatividade na teoria e na prática (Laboratório)
   4. Teatro em comunidade (Laboratório)
   5. Internet: a porta de entrada para a comunidade do conhecimento (Laboratório)
   6. Oratória: técnicas para falar em público
   7. Espiritualidade: consciência do corpo na comunicação (Laboratório)
   8. Vídeo: da emoção à razão (Laboratório)
   9. Mídias digitais: produção de conteúdos para a web (Laboratório)

B. *Série Dinamizando a comunicação* (reaviva, sobretudo nas paróquias, a Pastoral da Comunicação para formar agentes comunicadores)
   1. Dia Mundial das Comunicações Sociais – Maria Alba Vega
   2. Comunicação e liturgia na comunidade e na mídia – Helena Corazza
   3. Comunicação e família – Ivonete Kurten
   4. Pastoral da Comunicação: diálogo entre fé e cultura – Joana T. Puntel e Helena Corazza
   5. Homilia: a comunicação da Palavra – Enio José Rigo
   6. Geração Net: relacionamento, espiritualidade, vida profissional – Gildásio Mendes

   Em preparação:
   • Comunicação e catequese

C. *Série Comunicação e cultura* (oferece suporte cultural para o aprofundamento de temas comunicacionais)
   1. Cultura midiática e Igreja: uma nova ambiência – Joana T. Puntel
   2. Comunicação eclesial: utopia e realidade – José Marques de Melo
   3. INFOtenimento: informação + entretenimento no jornalismo – Fábia Angélica Dejavite
   4. Recepção mediática e espaço público: novos olhares – Mauro Wilton de Sousa (org.)
   5. Manipulação da linguagem e linguagem da manipulação: estudando o tema a partir do filme *A fuga das galinhas* – Claudinei Jair Lopes
   6. Cibercultura sob o olhar dos Estudos Culturais – Rovilson Robbi Britto
   7. Fé e cultura: desafio de um diálogo em comunicação – Celito Moro
   8. Jovens na cena metropolitana: percepções, narrativas e modos de comunicação – Silvia H. S. Borelli, Rose de Melo Rocha, Rita de Cássia Alves de Oliveira (org.)
   9. Comunicação: diálogo dos saberes na cultura midiática – Joana T. Puntel

JOANA T. PUNTEL

CULTURA MIDIÁTICA E IGREJA
Uma nova ambiência

Dados Internacionais de Catalogação na Publicação (CIP)
(Câmara Brasileira do Livro, SP, Brasil)

> Puntel, Joana T.
> Cultura midiática e Igreja : uma nova ambiência / Joana T. Puntel. — 2. ed. — São Paulo : Paulinas, 2008. — (Coleção pastoral da comunicação. Série comunicação e cultura)
>
> Apoio: Serviço à Pastoral da Comunicação (SEPAC)
> Bibliografia.
> ISBN 978-85-356-1524-1
>
> 1. Comunicação – História 2. Comunicação de massa 3. Comunicação e cultura 4. Igreja e comunicação de massa 5. Missão da Igreja I. Título. II. Série.
>
> 08-07981   CDD-261.52

Índices para catálogo sistemático:
1. Cultura midiática e Igreja : Teologia social : Cristianismo   261.52
2. Igreja e cultura midiática : Teologia social : Cristianismo   261.52

2ª edição – 2008
1ª reimpressão – 2012

Direção-geral:
Flávia Reginatto

Editora responsável:
Noemi Dariva

Copidesque:
Cristina Paixão Lopes

Coordenação de revisão:
Andréia Schweitzer

Revisão:
Ana Cecilia Mari

Direção de arte:
Irma Cipriani

Gerente de produção:
Felício Calegaro Neto

Capa e projeto gráfico:
Cristina Nogueira da Silva

Nenhuma parte desta obra poderá ser reproduzida ou transmitida por qualquer forma e/ou quaisquer meios (eletrônico ou mecânico, incluindo fotocópia e gravação) ou arquivada em qualquer sistema ou banco de dados sem permissão escrita da Editora. Direitos reservados.

Paulinas
Rua Dona Inácia Uchoa, 62
04110-020 – São Paulo – SP (Brasil)
Tel.: (11) 2125-3500
http://www.paulinas.org.br
editora@paulinas.com.br
Telemarketing e SAC: 0800-7010081

© Pia Sociedade Filhas de São Paulo – São Paulo, 2005

SEPAC – Serviço à Pastoral da Comunicação
Rua Dona Inácia Uchoa, 62 - 2º andar
04110-020 – São Paulo – SP (Brasil)
Tel.: (11) 2125-3540
http://www.sepac.org.br – sepac@paulinas.com.br

À memória de Olinda e Pietro Puntel,
os pais que me geraram para a vida.

A José Marques de Melo, professor e pesquisador,
que me levou pelos caminhos da cultura da comunicação.

Prefácio

Guia de estudos, a um só tempo didático, coerente e problematizador, destinado a historicizar a idéia da comunicação através dos séculos. Eis a fisionomia que percebo de forma transparente neste novo livro de Joana Puntel!

Depois do êxito alcançado em sua obra de estréia, *A Igreja e a democratização da comunicação* (1994), debatendo corajosamente as políticas eclesiais em nosso continente, a autora sistematiza o conhecimento acumulado pelos intelectuais que refletiram criticamente os fenômenos da interação simbólica na sociedade contemporânea.

Para tanto, ela se fundamenta em autores emblemáticos da nova safra de pensadores comunicacionais, fazendo uma acurada transposição dos seus conceitos para o universo cultural peculiar ao nosso país.

O volume enfeixa um conjunto seqüenciado de anotações fidedignas e interpretações textuais. Em linguagem fluente e estilo ameno, a autora constrói um roteiro conceitual, explicando, de forma simples, direta e precisa, o que outros escritores complicam desnecessariamente.

Ao invés de privilegiar definições, modelos e paradigmas estereotipados pelo uso acadêmico, ela navega tranqüilamente pela teia complexa dos processos comunicacionais, típicos da sociedade globalizada, procurando decifrar os enigmas antepostos pela fascinante cultura midiática. Além disso, explora competentemente o novo ambiente estruturado pelos artefatos tecnológicos de difusão do saber.

Fonte de grande utilidade para os estudantes de teoria da comunicação das nossas universidades, este livro representa também um suporte pedagógico para os agentes pastorais da comunicação. Os dois últimos capítulos são inteiramente dedicados à revisão do pensamento católico sobre comunicação e cultura, enunciando os desafios que a Igreja enfrenta no sentido de inserir-se na crescente ambiência midiática.

Durante o recente programa de pós-doutorado que realizou na Inglaterra, onde teve a oportunidade de conviver e dialogar com alguns dos exegetas aqui focalizados, a autora ordenou as lições contidas neste livro. Ele atesta sua maturidade intelectual, conferindo-lhe lugar de destaque na primeira fila dos pensadores latino-americanos sobre comunicação eclesial.

A obra reflete também a experiência acumulada por Joana Puntel em sua faina cotidiana, atuando como assessora internacional da congregação das Irmãs Paulinas. Tendo vivido em Roma durante alguns anos e peregrinado pelos vários continentes do nosso planeta, para dar aulas, proferir palestras, animar colóquios, aconselhar lideranças religiosas, ela teve a oportunidade de confirmar que a sociedade global não se reduz a uma figura de retórica, como pensam ingenuamente alguns patrícios.

Ela assimilou conscientemente o mais importante ensinamento de João Paulo II, vislumbrando o lugar teológico que o pontífice atribui à comunicação social. Ao defini-la como "areópago do mundo moderno", o Papa pretende fomentar o diálogo entre fé e cultura na "idade mídia".

A análise que, no capítulo V, Joana Puntel faz da idéia de comunicação construída pela Igreja Católica através do tempo adquire valor antológico. Ela percorre a trajetória comunicacional do catolicismo, identificando os marcos decisivos protagonizados pelos papas Leão XIII, Pio XI, Paulo VI e João Paulo II. Esses pontífices da modernidade sepultam a visão apocalíptica construída, no limiar do Renascimento, por Inocêncio VIII e Paulo IV. Aquela doutrina verticalista e autoritária engessou o pensamento católico durante quase meio milênio, refletindo, na alvorada da revolução tipográfica, os traumas institucionais provocados pelo cisma protestante.

Somente no século XX, estimulados pelo ecumenismo instituído pelo Concílio Vaticano II, teólogos, pastoralistas e gestores episcopais ousaram repensar o magistério eclesial na conjuntura amalgamada pela revolução informática. A partir de então, começaram a florescer posturas dialógicas e opções alternativas, consentâneas com a nova ambiência, ou seja, fortalecendo a unidade eclesial em uma moldura enriquecida pela diversidade cultural.

Mais importante do que a retrospectiva histórica contida nas primeiras partes deste livro é, sem dúvida, o convite que ele nos faz, nos últimos capítulos, a repensar as práticas de evangelização neste início do novo milênio.

Em verdade, Joana Puntel nos desafia a superar as velhas concepções instrumentalistas da mídia, trilhando a descoberta da emergente identidade da Igreja. Isso implica reconhecer o protagonismo de um "novo ser humano", profundamente imerso no contexto da "cultura midiática". Trata-se de um ser que busca um novo relacionamento com Deus. E por isso cabe à Igreja o dever de também se renovar, revisando suas políticas, suas estratégias e suas prioridades, "pois tudo passa pela comunicação".

São Paulo, 25 de janeiro de 2005

José Marques de Melo
Professor emérito da Universidade de São Paulo
e titular da cátedra Unesco de Comunicação da
Universidade Metodista de São Paulo

Introdução

É uma redundância afirmar que a comunicação é um dos fenômenos mais importantes dos séculos XX e XXI. Mas não é de admirar que, embora Aristóteles tenha chamado o ser humano de "animal falante", apenas no final do século XIX nos definimos em termos de nossa capacidade de nos comunicar uns com os outros (Durham). Hoje a comunicação é o "tema central" de grande número de correntes intelectuais que refletem sobre ela com abordagens de longo alcance, formando um corpo consistente de visões rivais sobre a matéria.

Em uma abordagem da era tecnológica e de informação por meio da indústria, gerenciamento e comunicação organizacional e em uma perspectiva orientada para o estudo da mídia a partir de uma análise sociocultural, existem preocupações, problemáticas e interesses distintos. Cada abordagem examina determinados fenômenos ou contextos sociais, e a quantidade de literatura sobre o assunto é impressionante. Ao mesmo tempo que procura não perder de vista a interdisciplinaridade da questão da comunicação, o pesquisador tem de definir exatamente o campo de trabalho que vai ser analisado na tentativa de ligar as visões da comunicação existentes hoje em dia na sociedade. Essa tarefa não requer somente pesquisa, mas também reflexão e discussão.

As razões que nos levaram a desenvolver esta pesquisa e a examinar a comunicação em profundidade, principalmente a cultura da mídia, são, em primeiro lugar, o forte impacto causado por algumas declarações da Igreja Católica sobre a comunicação, sua forma de lidar com a cultura da mídia e a definição da comunicação como uma "nova cultura". Em sua encíclica intitulada *Redemptoris missio*,[1] o papa João Paulo II não fala mais dos meios de comunicação como um veículo de evangelização, mas lhes atribui uma perspectiva mais global, falando do *mundo das comunicações* como um setor importante da cultura moderna. Assim, ele afirma:

> Não é suficiente usar a mídia para difundir a mensagem cristã e o magistério da Igreja, mas é necessário integrar a mensagem nesta "nova cultura", criada pelas modernas comunicações. É um problema complexo, pois esta cultura nasce menos dos conteúdos do que do próprio fato de existirem novos modos de comunicar com novas linguagens, novas técnicas, novas atitudes psicológicas.[2]

---

[1] Carta encíclica *Redemptoris missio*, n. 37c, 1990.

[2] A ênfase é minha.

E continua o Papa:

> Talvez se tenha descuidado um pouco este areópago: deu-se preferência a outros instrumentos para o anúncio evangélico e para a formação, enquanto os *mass media* foram deixados à iniciativa de particulares ou de pequenos grupos, entrando apenas secundariamente na programação pastoral. O uso dos *mass media*, no entanto, não tem somente a finalidade de multiplicar o anúncio do Evangelho: trata-se de um fato muito mais profundo, porque a própria evangelização da cultura moderna depende, em grande parte, da sua influência. O meu predecessor Paulo VI dizia que: "a ruptura entre o Evangelho e a cultura é, sem dúvida, o drama da nossa época".[3]

Outra questão importante relativa à discussão sobre *mídia e cultura* é o fato de que, embora a Igreja em geral adote o sentido corrente da mídia como "criadora" de cultura, a abordagem é sobretudo tecnológica e muitas das idéias da Igreja sobre a comunicação continuam obscuras e freqüentemente contraditórias. Isso decorre, provavelmente, da falta de preparo teórico e de reflexão suficiente sobre a cultura da mídia e sobre os processos que transformaram as sociedades modernas.

Em nossa opinião — e também a partir da experiência prática —, a falta de uma compreensão profunda de um grande número de transformações, por parte da Igreja, deriva da perspectiva cultural dos novos meios de comunicação. Embora tenham sido feitos alguns esforços nesse sentido (como a declaração citada anteriormente), a Igreja em geral, em sua vida cotidiana, ainda considera a mídia um "condutor" que leva conteúdos a seus destinatários. Parece que a mídia faz parte do lado "mecânico" do processo, e a cultura, de outro. Poderíamos dizer que a Igreja percebe a necessidade de vincular cultura e mídia, mas, na prática, não as vincula. *Por que* e *como* isso acontece é uma discussão ampla que requer pesquisas e aprofundamento além do presente trabalho. Basta dizer que essas conclusões, baseadas na vida cotidiana, permeada pela prática evangelizadora e acadêmica, levaram-me a escolher e a aprofundar o tema *Igreja, sociedade* e *cultura da mídia* como uma nova ambiência.

O raciocínio central deste livro, portanto, é que só podemos evangelizar no mundo de hoje se compreendermos a evolução da idéia da comunicação através dos séculos, passando, assim, por grandes transformações de conceitos, linguagens e processos que se entrelaçam e formam a nova ambiência na qual vivemos hoje.

Objetivo e contexto

O objetivo deste livro é, portanto, *explorar a interconexão entre mídia e cultura, considerando suas possíveis definições e implicações mútuas como*

---

[3] Exortação apostólica *Evangelii nuntiandi*, n. 20.

construção do significado no contexto da sociedade moderna. A mediação, a construção do significado e a recepção desses significados estão entre meus interesses e preocupações. Vou tentar alcançar esse objetivo no contexto deste trabalho, uma versão diferente do "utilitarismo" da mídia, tentando considerá-la um processo a partir de uma perspectiva sociocultural. Qualquer discussão sobre o tema tem de levar em conta questões como a cultura enquanto um conjunto de formas simbólicas, mediação, recepção, mito, vida cotidiana, novos meios de comunicação e consumo, entre outras.

Uma forma de enfrentar essas questões é oferecer uma abordagem reflexiva que lance alguma luz e nos permita apresentar algumas das teorias mais importantes sobre esse tema à Igreja e, sobretudo, participar do trabalho de campo do Centro de Comunicações do Serviço à Pastoral da Comunicação (SEPAC) e da universidade. Estes são lugares onde, com certeza, essas questões serão discutidas com muitas pessoas (estudantes, evangelizadores), contribuindo para a formação de uma visão melhor sobre a comunicação, de um ponto de vista cultural. Também gostaríamos de contribuir para a educação em mídia, com o objetivo de ajudar as pessoas a entenderem que a mídia não deve ser usada apenas como uma "extensão neutra" de nosso corpo enquanto um instrumento, e sim que, na verdade, está inserida no contexto da construção da sociedade e da criação e recriação de significados.

O quadro de referências metodológicas usado para discutir essa questão "do desenvolvimento da idéia de comunicação ao longo dos séculos" vai desempenhar um papel crucial no desenvolvimento dos meios de comunicação, no surgimento das sociedades modernas e em sua associação com a cultura (cultura da mídia), usando as teorias e o saber que já existem. Temos plena consciência de que "cultura da mídia" é algo extremamente complexo e até agora parece resistir a qualquer teorização geral adequada, embora muitas tentativas tenham sido feitas neste sentido. Certamente existe um corpo substancial de obras de historiadores sociais e culturais sobre o impacto da imprensa na sociedade medieval. Mas, dadas a onipresença e a importância da mídia e das tecnologias da comunicação na sociedade contemporânea, pode ser surpreendente não haver muitos estudos sobre a relação entre a nova mídia e a sociedade, como Lievrouw e Livingstone explicam em sua recente obra *The handbook of new media*.[4]

Nesse sentido, seguiremos algumas teorias correntes de peso sobre o campo social e da comunicação e nos basearemos naqueles autores cujas obras procuram explicar a dinâmica dos processos que ocorrem nos pontos de interação entre o social e a mídia. Essas obras tiveram grande influência sobre debates importantes. Vamos nos concentrar, principalmente, nos textos de John

---

[4] LIEVROUW, Leah A. & LIVINSGTONE, Sonia (orgs.). *The handbook of new media*. London, Sage, 2002. p. 10.

Durham Peters, John B. Thompson, Roger Silverstone, Robert White, Jesus Martín-Barbero e Manuel Castells.

Esta abordagem não é, por certo, exaustiva ou definitiva. Trata-se de uma discussão aberta. Muitos aspectos desta obra merecem um capítulo à parte. É visível certa arbitrariedade na seleção e tratamento de determinados autores e aspectos desta pesquisa, pois a área da comunicação é multidisciplinar e muitos campos e especialidades entram cena em momentos e lugares diferentes.

Linhas gerais das seções

De acordo com um quadro de referências que diz que "a evolução da idéia de comunicação" é o fio condutor (e o pano de fundo) deste estudo, tanto do ponto de vista cultural quanto eclesial, as partes desta obra serão tratadas da seguinte forma:

PARTE I – Apresenta uma visão geral da forma de situar a comunicação ao longo dos séculos. Remontando a algumas fontes importantes das idéias modernas sobre comunicação e apresentando exemplos, criamos a base para compreender as raízes da reflexão sobre a comunicação e seu processo evolutivo. Nessa parte nos inspiramos na obra de John Durham Peters, *Speaking into the air*,[5] cuja abordagem filosófica e histórica do desenvolvimento da idéia de comunicação oferece uma visão completa e muito perspicaz que nos ajuda a entender que "o presente torna-se inteligível quando se alinha com um momento passado com o qual tem uma afinidade secreta".[6] Podemos concluir que, tradicionalmente, grande parte da reflexão sobre comunicação hoje em dia (ao menos em certos aspectos) tem suas raízes no passado. Mas não se trata de um passado passivo, e sim de um passado situado em diferentes períodos da história, servindo de base para o que vemos e vivemos hoje.

PARTE II – É uma continuação da Parte I no sentido de "evolução da idéia de comunicação". Concentramo-nos, primeiro, no surgimento da comunicação de massa no início do século XX e em como esse processo desempenhou um papel crucial no desenvolvimento das idéias modernas sobre comunicação, e também das sociedades modernas. Há uma intenção básica de "retrabalhar o caráter simbólico da vida social", nas palavras de Thompson, no desenvolvimento dos meios de comunicação de massa.

---

[5] PETERS, J. Durham. *Speaking into the air – a history of the idea of communication*. Chicago/London, University of Chicago Press, 1999.

[6] Walter Benjamin, apud Peters, op. cit., p. 3.

No processo de transformação chamado de produção, armazenamento e circulação de materiais que fazem sentido para as pessoas, nosso interesse gira em torno do *caráter significativo das formas simbólicas*. Como esta abordagem também requer um breve apanhado de alguns pontos constitutivos do papel dos meios de comunicação de massa no desenvolvimento das sociedades modernas, começamos por apontar algumas características importantes do mundo moderno como uma plataforma do processo de transformação institucional. Também são consideradas algumas características da "comunicação de massa". Considerando que a comunicação mediada é parte integrante do contexto mais amplo da vida social, discutimos sucintamente a concepção básica de cultura e transmissão cultural e, depois, trabalhamos com uma abordagem mais construtiva da interação mediada, inspirada na obra de John B. Thompson.[7]

Ao afirmar que precisamos abandonar o pressuposto de que os destinatários dos produtos da mídia (de formas simbólicas) são passivos, discutiremos a questão da recepção (interpretação do público) com base na obra de Robert White, que analisa quatro abordagens importantes à teoria da recepção/interpretação. Entretanto, um interesse particular também nos levou a considerar a questão do mito e do ritual como parte da vida cotidiana. Acreditamos firmemente que são estruturas essenciais que sustentam os alicerces da segurança de nossa vida cotidiana. Nesta parte do trabalho, a principal referência é a obra de Roger Silverstone, que consideramos ter fornecido os pontos-chave deste texto.

PARTE III – A terceira parte do presente trabalho, em vez de se afastar da discussão em pauta, é elemento fundamental da evolução da idéia de comunicação que mencionamos anteriormente. Nesta seção, embora de forma sucinta, a inspiração vem de algumas obras recentes sobre a questão da "evolução da idéia de comunicação" que caracteriza principalmente o último quartel do século XX e o início do século XXI. Em continuidade aos argumentos das duas primeiras partes, discutiremos com ênfase a chamada "revolução da comunicação".

Não há um mergulho no aspecto industrial e comercial das novas tecnologias ou das novas formas do processamento de informações com base nos sistemas digitais de codificação, nem na convergência gradual das tecnologias da informação e da comunicação para um sistema digital comum de transmissão, processamento e armazenamento. Em resumo, queremos discutir alguns aspectos particulares do que está acontecendo na paisagem social real em termos de informação e comunicação, não só na Internet, a rede "por excelência", e também o que é a "nova mídia" e algumas de suas implicações para a paisagem social em processo de transformação.

---

[7] THOMPSON, J. B. *Ideology and modern culture: critical theory of ideology in the era of mass communication*, Cambridge, Polity Press, 1990; THOMPSON, J. B. *The media and modernity: a social theory of the media*. Cambridge, Polity Press, 2001 (primeira edição – 1995). [Edição brasileira: *Ideologia e cultura moderna*. Petrópolis, Vozes, 2001; *A mídia e a modernidade*. Petrópolis, Vozes, 2001.]

Dado o grande volume da literatura, que vai de autores entusiasmados e futurologistas àqueles que têm uma "perspectiva pessimista", selecionamos deliberadamente os pesquisadores e pensadores que, a nosso ver, ofereceram contribuições importantes no sentido de pensar além das máquinas e dos recursos inovadores. Também concordamos que as inovações tecnológicas mais recentes precisam ser contextualizadas nas condições históricas e culturais específicas de seu desenvolvimento, difusão e uso. É muito mais difícil pensar e pesquisar sobre métodos e interação social entre as tecnologias e os seres humanos do que cair na tentação, certamente superficial, de apenas ficar fazendo listas das últimas inovações tecnológicas da nova mídia.

PARTE IV – Não seria possível, porém, avançar na consideração complexa da idéia da comunicação através dos séculos sem analisar os três grandes eixos que orientam a sociedade hoje: a globalização, a modernidade e a pós-modernidade. Trata-se de uma leitura integrada com a evolução do conceito de cultura que leva à explicação do que significa conceber a *comunicação* como cultura, ou seja, como nova ambiência. A peculiaridade deste enfoque é oferecer uma leitura integrada e contemplar a comunicação como o elemento articulador dos diferentes processos. A razão de tal análise tem como objetivo oferecer a plataforma para, no capítulo seguinte, situar a Igreja no contexto comunicativo.

PARTE V – A idéia da comunicação da Igreja através dos séculos tem por finalidade evidenciar o tipo de comunicação existente nos primeiros tempos do cristianismo, mas, sobretudo, as fases pelas quais a Igreja passou desde a desconfiança até a aceitação completa da comunicação. Ponto forte é o fato de a comunicação ter sido objeto de consideração de um concílio ecumênico, o Vaticano II. Nasceu, assim, o documento *Inter mirifica* que, como "divisor de águas", revela a resistência e os avanços de uma Igreja que quer se colocar em diálogo com o mundo contemporâneo. Seguindo a linha do Concílio, nascem algumas atitudes da Igreja, expressas por meio de alguns documentos que tentamos apresentar, quer pela validade de seu conteúdo, quer pelo "fio condutor" do pensamento da Igreja sobre a comunicação.

PARTE VI – Esta última parte considera alguns aspectos da *missão da Igreja na cultura midiática*. Falar da comunicação como espaço sociocultural para se realizar a evangelização no mundo contemporâneo significa abordar, sobretudo, um contexto de sociedade que se modifica em uma velocidade alucinante, marcada pelos avanços tecnológicos e, especialmente, pela era digital, provocando mudanças sociais e de costumes, em que o mundo das comunicações se apresenta como uma área cultural de grande importância a ser refletida pela Igreja.

Esse fato tem relevância quando pensamos que estamos inseridos neste meio e fazemos parte desta história. É o próprio João Paulo II que nos lembra de que somos protagonistas das mudanças atuais e que é preciso assumir o desenvolvimento da missão da Igreja segundo as linguagens e a sensibilidade do homem contemporâneo. Trata-se do "lugar teológico" onde deve acontecer o diálogo entre fé e cultura midiática.

As mudanças rápidas das tecnologias de comunicação têm a ver com a vivência da fé cristã, quando pensamos, por exemplo, que

> estamos imersos numa cibercultura, a cultura virtual que expressa o surgimento de um novo universal, sem totalidade. Um universo de técnicas, de práticas, de atitudes, de modos de pensamento e de valores que se desenvolvem e que exercem influência sobre a fé e a vivência da religiosidade.[8]

Trata-se, então, de estabelecer o "diálogo" entre Evangelho e cultura.

Daí a importância e o convite para a Igreja conhecer, refletir e "iluminar" esse revolucionário "lugar teológico" que, cada vez mais, provoca a mudança de paradigmas e de linguagens e métodos pastorais na evangelização atual. Emergem, então, os desafios que ultrapassam o simples "uso" da tecnologia. Percebe-se que a Igreja, nos seus documentos sobre a comunicação, especialmente, os mais recentes, demonstra uma progressiva insistência sobre a educação (a formação) para a comunicação.

A Igreja encontra-se, assim, diante de novos olhares e novas fronteiras para a evangelização na cultura midiática. É neste contexto que os últimos documentos, *Igreja e Internet* e *Ética na Internet*, vêm incentivar a Igreja a considerar o ciberespaço uma plataforma atual para a evangelização.

Concluindo, retomamos as idéias principais apresentadas nas várias partes desta obra, afirmando que a idéia de comunicação realmente apresenta *desafios* importantes, inerentes aos respectivos períodos histórico-culturais. A Igreja, que tem por missão evangelizar o homem contemporâneo, deve privilegiar a consideração da cultura midiática em suas mais diversas linguagens, a fim de estabelecer o diálogo entre fé e cultura, mas a cultura de hoje!

---

[8] ZANON, Darlei. O impacto da cibercultura sobre a fé. *Perspectiva Teológica*, Belo Horizonte, n. 94, 2002.

PARTE I
A idéia da comunicação através dos séculos

Para iniciar a discussão sobre comunicação e cultura midiática, apresentaremos uma visão geral e sucinta da "reflexão sobre comunicação" com base na obra de John Durham Peters, *Speaking into the air*.[1]

O objetivo desta parte do trabalho não é explorar toda a abrangência da idéia de comunicação na obra de Peters que, além de completa, é também muito perspicaz, mas, sim, seguir uma narrativa histórica que remonta a algumas fontes das idéias modernas sobre comunicação e que dê certa base para compreendermos as raízes da reflexão sobre comunicação e sua evolução.

Não há dúvida de que a comunicação é um dos conceitos característicos do século XX e início do Terceiro Milênio. Mas, como diz Peters, "embora o ser humano tenha sido chamado de 'animal falante' por Aristóteles, só a partir do fim do século XIX é que nos definimos em termos de nossa capacidade de nos *comunicarmos* uns com os outros" (p. 1). Também é verdade que hoje a comunicação é um tema central marcado por um grande número de correntes intelectuais que pensam sobre ela, e é também uma disciplina caracterizada por "surpresas" cotidianas, derivadas de novos meios de comunicação que permitem novos tipos de relações e interações entre as pessoas na sociedade atual.

Para exemplificar, sucintamente, algumas fontes importantes das idéias modernas sobre comunicação, seguiremos a estratégia de John D. Peters baseada no modo de "narração histórica" de Walter Benjamin: o que significa ver

> em todo ato de narração histórica um princípio construtivista. O historiador não esperava que o passado expressasse sua plenitude; era um ativista que alinhava as eras umas com as outras [...]. O presente torna-se inteligível quando se alinha com um momento passado com o qual tem uma afinidade secreta.[2]

---

[1] Peters, op. cit.

[2] Para Walter Benjamin "o tempo não é apenas um *continuum*; é cheio de rupturas e atalhos [...]. Há simultaneidade não apenas através do espaço, mas também através do tempo" (citado em Peters, op. cit., p. 3).

Portanto, para esclarecer nossa atual forma de pensar a comunicação em relação a algumas das visões históricas mais importantes, inspiramo-nos na obra de Peters, que menciona, por exemplo, Agostinho e John Locke como personagens centrais na tradição espiritual. Seus argumentos e formas de articular suas defesas serviram de alicerce para a noção moderna de comunicação: "a interioridade do eu e os sinais como um recipiente vazio para ser preenchido de conteúdo ideacional" (pp. 63-64). Todos nós temos nossa própria interioridade e nosso interior é "exclusivamente nosso e inacessível a todos os demais, assim como nossos sonhos e pensamentos mais profundos" (p. 64). E nossa linguagem e os signos são "os condutores da vida interior". Expressamo-nos por meio de formas simbólicas e "no melhor dos casos, as palavras são convenções; referem-se a significados que estão na cabeça das pessoas e a objetos do mundo" (p. 64).

A centralidade da tradição espiritual, segundo Peters, que inclui aqui o movimento do século XIX, consiste em propor que "a melhor forma de comunicação acontece quando os corpos e a linguagem são transcendidos em favor de formas mais abstratas de transmissão de pensamento" (p. 64). Em outras palavras, quando uma conversa acontece "sem um encontro dos interiores", não passa de um bate-papo. Como Peters conclui, nesse caso "o significado é separável do meio de comunicação, o conteúdo da forma. Os signos, como os corpos, são recipientes do espírito. [...] O conteúdo espiritual deve ser transferido de uma mente a outra" (p. 64). É nesse contexto da "visão da conversa de alma para alma" que a comunicação adquire um "sentido de contato imaterial entre almas distintas" (p. 63). Mas essa "arquitetura intelectual e imaginária" só se tornou visível no século XIX. Há três períodos importantes durante os quais essas concepções foram articuladas e expressas. São eles: o cristianismo primitivo, quando os textos de Agostinho desempenharam um papel muito importante; o empirismo inglês, principalmente os textos de Locke; e um grande número de expressões espíritas, do mesmerismo à pesquisa no campo psíquico no século XIX.[3]

Fontes cristãs

Na tradição cristã, a principal corrente da doutrina "apela para aqueles que se amam de estarem 'uns nos outros' [comunhão] mesmo de forma não-física" (p. 66). O evangelho de João é um bom exemplo desse tipo de afirmação e talvez seja a primeira fonte cristã a mostrar a "unidade da alma" (rica em diálogos face a face) e a prioridade do espírito sobre a carne (pp. 66-67).

---

[3] Não é nossa intenção escrever um documento longo sobre os principais pontos levantados por Peters. Eles são mencionados brevemente apenas como as influências mais importantes na construção das idéias modernas sobre comunicação.

Mas a principal figura da tradição cristã enquanto arquiteto intelectual do cristianismo latino é Agostinho (354-430 d.C.). Como diz Peters, Agostinho teve uma influência decisiva sobre a vida européia do século V, que atravessou toda a Renascença e, por meio de seu impacto sobre Lutero e os puritanos, também sobre a vida intelectual moderna. Foi considerado, de muitas formas, a "fonte do conceito de comunicação e uma personalidade-chave na história da teoria lingüística"; na verdade, é relevante até para a teoria semiótica. Não há dúvida de que, quer este homem tenha ou não usado a palavra "comunicação" no sentido que lhe atribuímos hoje, criou as condições para seu florescimento. Ao configurar correntes neoplatônicas e a doutrina cristã, Agostinho concebeu a alma como algo imaterial e defendeu, principalmente no gênero literário de suas famosas *Confissões*, uma série de "oposições", como "corpo e alma, intelecto e sentidos, eternidade e tempo, e dentro e fora". Nesse sentido, concebe a alma como "existente em si mesma e separável". Portanto, segundo a visão de Agostinho, existe o "eu interior e o sonho de superá-lo na comunicação" (p. 68).

É em seu livro *De magistro*[4] que Agostinho articula a maioria de suas idéias sobre a teoria do signo, que elaborou de muitas formas. O que está claro na concepção de Agostinho é que "um signo é um indicador das realidades interior e exterior" (p. 68). Demonstra em *De magistro* que "as palavras só têm eficácia suficiente para nos lembrar de olhar para as coisas, não de mostrar o que sabemos sobre elas". Para Agostinho, nada do que possamos aprender de um mestre vem das palavras, "e, sim, por meio das próprias coisas que Deus revela dentro da alma".[5] Como diz Peters, as palavras são como cartões, indicadores de coisas mentais e materiais, mas seu valor está fora delas. Para Agostinho, "o signo é um recipiente passivo que se suprime em nome daquilo que contém"; portanto, a comunicação acontece "tanto por causa do meio quanto a despeito dele", um termo que usa em sentido amplo para se referir ao corpo, tanto um meio para alcançar um fim quanto um meio de transmissão. A partir das concepções de Agostinho, Peters observa que "meios", de fato, "são o que chamaríamos de meios de transporte e comunicação" (pp. 68-69). O contraste entre carne e espírito é usado por Agostinho para explicar os signos. Por exemplo: "o som de uma palavra é material; o significado de uma palavra é mental". O mesmo aplica-se aos seres humanos: a palavra é dividida em corpo (som) e espírito (significado). Mas como Agostinho explica essa palavra? Refere-se constantemente à Palavra, o *logos* do evangelho de João, "o Verbo feito carne" (a segunda pessoa da Trindade). Como Peters enfatiza, é surpreendente a freqüência com que as discussões sobre o funcionamento da linguagem acompanham

---

[4] As idéias de Agostinho são apresentadas também em seus outros livros, como *On Christiana doctrine, City of God*.

[5] *De Magistro,* apud Peters, op. cit., p. 68.

sua discussão sobre a encarnação. E em todos os seus textos Agostinho mostra que a encarnação serve de meio de comunicação ou manifestação. "As palavras apontam para realidades internas e externas." Revelam "interiores, o mundo do pensamento e do espírito" (pp. 64-70).[6]

Concluindo essa parte da "tradição cristã" enquanto importante fonte da idéia moderna de comunicação, concordamos com Peters quando ele diz que

> a visão espiritualista da comunicação oscila entre as interioridades partilhadas e as barreiras de meios de comunicação imperfeitos. [...] Assim que, os meios de comunicação, como os corpos, transformam-se em canais que são interessantes somente por sua tendência a ficarem cheios.[7]

Mas, como observa Peters,

> [...] os meios de comunicação não são simples "canais". Os meios de comunicação são importantes para as práticas da comunicação porque a encarnação é importante. O corpo é nossa existência, não nosso recipiente. O corpo não é um veículo a ser jogado fora; faz parte da terra por onde estamos viajando. Uma visão adequada da vida social da palavra e do gesto — da "comunicação" no sentido mais amplo possível — precisa encarar o material esplêndido e defeituoso pelo qual construímos causa comum uns com os outros (p. 65).

Outra corrente importante dentro da fonte cristã que considera a comunicação na história do pensamento europeu é a especulação sobre os anjos — que deriva da palavra grega *angelos* e significa mensageiro. Como diz Peters, como os anjos não têm corpos carnais, são capazes de se fundir na felicidade perfeita da inteligência pura. Mesmo que a tradição da angeologia tenha diferenças colossais que vão da ortodoxia ao esoterismo, os anjos, na opinião de Peters, representam um modelo de comunicação tal como deve ser a visão da fala ideal, sem distorção ou interferência — a comunicação "perfeita". Os anjos estão livres das limitações da encarnação "e fundem sem esforço algum o psíquico com o físico, o significado com o significante, o divino e o humano" (p. 75). É por isso que, com sua "capacidade de lançar a voz, a imagem e a palavra através de grandes distâncias", eles rondam a mídia moderna.

Tomás de Aquino, chamado de *doctor angelicus*, oferece na angeologia escolástica um exemplo maravilhoso do sonho da comunicação. Segundo

---

[6] Essas são apenas algumas das sutilezas do pensamento de Agostinho. Mas, a meu ver, são suficientes para mostrar a influência de suas concepções sobre a formação da idéia moderna de comunicação. A opção de não entrar em discussões teológicas sobre o evangelho de João e as concepções de Agostinho foi deliberada.

[7] É importante sublinhar que a antropologia cristã moderna prefere dizer que, em vez de ter uma alma e um corpo, o ser humano é simultaneamente corpo e alma. Nosso psiquismo e nossa corporeidade são mutuamente condicionantes – *Dictionary of Fundamental Theology*, René Latourelle e Rino Fisichella (orgs.), New York, Herder & Herder. Também *Gaudium et spes*, n. 14.

Peters, Tomás de Aquino é mais explícito que Agostinho sobre como funciona a fala dos anjos, eles próprios organizados hierarquicamente em espécies de anjos ou "coros". Tomás de Aquino afirma que a necessidade de comunicação não é só um produto das deficiências ou do saber e da visão terrenos. Como são divididos em diversas ordens ("coros"), toda espécie desfruta do saber de Deus e de suas obras. Esse é o motivo pelo qual a fala continua existindo entre eles (p. 76). Tomás de Aquino, como Agostinho e Platão, contrasta a fala interior e exterior. Para ele, os anjos se comunicam como se os corpos não contassem (p. 76).

As concepções da angeologia dadas por Agostinho, Tomás de Aquino e outros criaram a "base intelectual do sonho de interiores partilhados na comunicação" (p. 77). Mas, como diz Peters, a língua que esses autores usaram foi o latim, e o termo *communicatio* não tinha esse papel em suas discussões. Na verdade, segundo o *Oxford Latin Dictionary*, *communicare* significa partilhar, simplesmente, tornar algo comum, de todos; não tem nenhuma referência especial com o partilhar pensamentos.[8] Foi no século XVII que o novo sentido de "comunicação" começou a aparecer pela primeira vez no inglês moderno. O desenvolvimento do conceito deveu-se a figuras de proa da ciência inglesa do século XVII, como Bacon, Glanvill, Wilkins e Newton.

Outra figura-chave, considerada formadora da cultura e da política do individualismo, principalmente no mundo de língua inglesa, é John Locke. Seu uso de "comunicação" pretendia descrever a partilha de idéias entre as pessoas. Misturou o sentido antigo do termo com outros sentidos inovadores. Entretanto, além de falar de pessoas comunicando idéias entre si, ele falou de Deus comunicando suas perfeições a seus anjos e da comunicação (interação) do espírito com o corpo. Locke compreendia a comunicação não como uma espécie de fala, retórica ou discurso, e sim como idéia e resultado. Para ele, "o indivíduo (e não a sociedade, a língua ou a tradição) é o dono do significado". Enquanto Agostinho pensa nos signos como corpos, Locke os entende como propriedade. Em suas noções sobre a centralidade da compreensão humana está a "idéia" baseada na visão de Descartes de que não temos acesso direto ao mundo real. Para Locke, "os significados estão nas pessoas", não na cultura (pp. 80-83).

Uma visão do espiritualismo no século XIX

Durante a maior parte do século XIX, desde a Revolução Francesa até a Primeira Guerra Mundial, os discursos dominantes sobre a comunicação fo-

---

[8] *Oxford Latin Dictionary* (Oxford, Clarendon Press, 1968), p. 369.

ram desenvolvimentos em meio a uma névoa romântica. Como diz Peters, a agonia da solidão (solipsismo) e o anseio por unidade foram muito intensos no século XIX. A fusão dos universos físico e psíquico eram idéias populares. O mesmerismo representou algumas das conseqüências culturais do individualismo semântico de Locke. "Com sua violação aterrorizante e abençoada do eu", o mesmerismo "fascinou e horrorizou um grande número de escritores franceses, alemães, ingleses e norte-americanos, Balzac inclusive..." (p. 89). O mesmerismo lembra o hipnotismo, um fenômeno que só recebeu nome na década de 1840. Usando o "magnetismo animal", dr. Franz Anton Mesmer (1734-1815) apresentou uma teoria de campo unificada das forças materiais e morais. A técnica curativa de Mesmer usava o magnetismo animal para tratar pacientes, em geral mulheres aristocráticas, na maior parte das vezes afligidas pelo que seria chamado de neurose uma geração depois.

Como Peters conclui, as noções de controle mesmérico, transferidas via hipnotismo para a psicologia popular, também aparecem em visões da comunicação de massa.

> Ajudou a formular a compreensão dos meios de comunicação de massa do século XX como agentes do controle e da persuasão em massa que, de alguma forma, através de sua repetição ou de técnicas subliminares, burlavam a consciência vigilante dos cidadãos e acessavam diretamente as fobias arcaicas (ou ignorância e preguiça) da besta interior (p. 94).

Com a invenção do telégrafo elétrico e do telégrafo sem fio no século XIX, os velhos discursos sobre ação imaterial a distância foram estimulados e a assombração espiritualista do novo meio de comunicação foi decisiva no sentido de possibilitar a aceitação popular da nova tecnologia. "O espiritismo, a arte da comunicação com os mortos, teve como modelo explícito a capacidade do telégrafo de receber mensagens remotas." Enquanto prática organizada, remonta a 1848, e suas inventoras foram as irmãs Kate e Margaret Fox de Hydesville (Nova York), que entendiam as pancadinhas secas e breves da comunicação espírita como uma mensagem telegráfica secreta tentando atravessar o abismo entre os vivos e os mortos (pp. 94-95). O gênero típico do espiritismo era "sentar-se" ou "fazer uma sessão" na qual as pessoas pudessem chamar o espírito dos mortos por meio de um "médium" ou "sensitivo", muitas vezes para ajudar os membros enlutados de uma família. O termo "médium" (meio) descrevia tanto o telégrafo (que realizava a comunicação entre grandes distâncias) quanto o canal humano (que se comunicava por meio do fosso entre os vivos e os mortos). Com o surgimento dos meios de materialização (como a fotografia), os médiuns, como os meios de comunicação de massa, passaram a práticas mais voltadas para o visual, mas também para um aparato mais complicado (pp. 96-98).

Como diz Peters, o espiritualismo é um dos principais pontos em que as implicações culturais e metafísicas das novas formas de comunicação foram elaboradas. Também é fonte de grande parte de nosso vocabulário moderno (meio, médium, canal e comunicação). "Os médiuns, graças a capacidades como a clarividência e a 'clariaudiência', lembram os meios de comunicação de massa, com sua capacidade de transportar imagens e sons de longe." No espiritismo, "a comunicação era um conceito que compreendia tanto as transmissões físicas (o telégrafo) quanto a mensagem espiritual (mensagem do outro lado)" (p. 100).

Outro movimento espírita que ofereceu uma ponte entre a física e a metafísica foi a Society for Psychical Research (SPR), fundada em Londres em 1882. Composto por pessoas que acreditavam realmente no espiritismo e por céticos de mente aberta que queriam uma comprovação científica para os fenômenos paranormais, com a intenção de acabar com a anarquia do espiritismo *pop* das classes média e baixa, esse grupo também queria preservar uma postura científica em relação ao universo supersensual, que incluiria as radiações do éter, bem como as emanações da mente (p. 101). O éter era um terreno fértil para especulações sobre a unidade suprema do físico e do psíquico. Nas palavras de Peters, "o éter foi a mãe de todos os meios que permitiam que a luz, a eletricidade e o magnetismo atuassem a distância" (p. 102). A partir das formulações dos exploradores e das implicações culturais e filosóficas da física do final do século XIX sobre o éter, podemos ver que a noção de comunicação oscilou entre os reinos físico e psíquico (p. 102).[9]

O conceito de comunicação

Foi no século XVII que o termo "comunicação" ganhou consistência ("novo sentido") e foi usado para se referir ao que os escolásticos chamavam "ação a distância" (*action at distance*). Como já referido anteriormente, as angeologias de Agostinho, Tomás de Aquino e outros nos deram a base intelectual para o sonho dos interiores compartilhados na comunicação. Mas sua língua era o latim e, como já dissemos, o termo *communicare*, em latim, significa partilhar ou tornar comum, sem qualquer referência especial a "partilhar pensamentos", segundo o *Oxford Latin Dictionary*. O desenvolvimento do conceito de comunicação começa a emergir no inglês moderno e aparece na obra de grandes personalidades da ciência inglesa do século XVII, como Bacon, Glanvill, Wilkins e Newton. Origina-se "de uma aplicação de processos

---

[9] A pesquisa baseou-se no Capítulo 2 de John Durham Peters, *Speaking into the air*, op. cit. Para uma discussão mais detalhada dessa questão, ver "Toward a more robust vision of Spirit: Hegel, Marx and Kierkegaard", Capítulo 3.

físicos como magnetismo, convenção e gravitação, a ocorrências entre as mentes" (pp. 77-78). Foi uma especulação sobre "como um corpo pode influenciar outro sem tocá-lo de maneira palpável", isto é, especulações sobre a forma de entender a questão da ação a distância que põe a "comunicação" em seu curso moderno. Em outras palavras, a noção de que "a distância não importa" foi "recapitulada nos sonhos semifísicos de comunicação dos cientistas do século XVII e dos espíritas do século XIX" (p. 78).

Foi nesse contexto de especulações psicofísicas que a história semântica da comunicação ganhou impulso. Francis Bacon, porta-voz fundador da ciência moderna, fez uma lista de elementos para as "operações de transmissão", como luz, som, calor e magnetismo, entre outros. No século XVIII, a física newtoniana, enquanto fato central da ciência e da filosofia, deu novas forças à especulação sobre ações a distância. Como o magnetismo, a luz e o calor, Newton achava que a gravidade viajava através de um fluido imperceptível. A palavra que usou para designar esse fluido foi "médium". Segundo Peters, em Newton a "comunicação" e o "médium" têm grande parte de seus sentidos modernos sem suas esferas modernas de atividade. Um significa transmissão de forças ou entidades imateriais a distância; o outro é o mecanismo ou veículo dessa transmissão (p. 80).

Como dissemos anteriormente, foi só durante a vida de William James (1842-1910) que a comunicação adquiriu seu esplendor e a dimensão de poder enquanto conceito. No século XIX, duas palavras marcaram seus horizontes intelectuais: "solipsismo" (1874) e "telepatia" (1882). Nas palavras de Peters, "ambas refletem uma cultura individualista em que os muros que circundam a alma são um problema, quer sejam abençoadamente finos (telepatia) ou aterradoramente impermeáveis (solipsismo)". A partir daí, a "comunicação" evoca simultaneamente o sonho do acesso instantâneo e o pesadelo da solidão (p. 81).

Ao mesmo tempo ponte e fosso, esse dualismo nasceu das novas tecnologias e de sua recepção espírita que manteve uma longa tradição na especulação sobre o contato mental imaterial.

> Tecnologias como o telégrafo e o rádio refundiram o velho termo "comunicação" usado antes para qualquer tipo de transferência ou transmissão física, transformando-o numa nova espécie de conexão semifísica que superava os obstáculos do tempo e do espaço (p. 5).

A eletricidade permitiu a comunicação apesar de impedimentos como a distância ou a encarnação. Durante muito tempo, essa palavra evocou uma "tradição de sonhos sobre mensageiros angélicos e comunhão entre amantes separados" (p. 5). Com as tecnologias, as relações interpessoais foram gradualmente descritas em termos técnicos de transmissão a distância: fazer contato, ligar ou desligar, estar na mesma freqüência.

James Carey observou que havia duas concepções alternativas de comunicação vivas na cultura norte-americana desde que essa palavra entrou no discurso comum do século XIX. Ambas as definições derivam, como no caso de grande parte da cultura secular, de fontes religiosas, embora remontem a regiões ligeiramente diferentes da experiência religiosa. Carey chamou esta descrição de "uma visão da comunicação enquanto transmissão e uma visão da comunicação enquanto ritual". Ele diz que a visão da comunicação enquanto transmissão é a mais comum de todas em nossa cultura, talvez em todas as culturas industriais, e domina os verbetes dos dicionários contemporâneos a respeito do termo. As raízes da visão da comunicação enquanto transmissão, ao menos em nossa cultura, explica Carey, estão essencialmente nas atitudes religiosas.[10]

Os vários sentidos de "comunicação"[11]

Comunicação não é uma palavra usada por todos em todos os lugares?

Na maior parte dos discursos contemporâneos, o sentido de comunicação tornou-se bastante confuso, misturando contornos intelectuais bem definidos. Como diz Peters, o motivo é que "a comunicação tornou-se propriedade de políticos e burocratas, tecnólogos e terapeutas, todos ansiosos por demonstrar sua virtude de bons comunicadores". Sua popularidade, então, excedeu sua clareza. "Aqueles que procuravam tornar o termo teoricamente preciso para estudo acadêmico às vezes acabavam só formalizando o miasma da cultura mais geral" (p. 6).

Segundo Peters, em sua pesquisa volumosa e útil, "comunicação" é uma palavra que tem uma história rica, como já mostramos antes neste trabalho. Deriva do latim *communicare*, que significa partilhar ou tornar comum. O vocábulo entrou na língua inglesa nos séculos XIV e XV. Em latim, *communicatio* não se refere às artes gerais da relação humana via símbolos, nem sugere a esperança de algum tipo de reconhecimento mútuo. Na teoria retórica clássica, *communicatio* também era um termo técnico que indicava um recurso estilístico no qual o orador assume a voz hipotética de um adversário ou público.

Um dos ramos dominantes do significado de "comunicação" tem a ver com partilhar. Nesse caso, comunicação pode significar participante, ser um vaso comunicante. Nesse sentido, "comunicação" sugere pertencer a um corpo social por meio de um ato expressivo que não requer resposta ou reconheci-

---

[10] James W. Carey, "A cultural approach to communication", publicado pela primeira vez em *Communication*, 2, 1975: 1-22, Gordon & Breach Publishers (1975). A edição atual é de Denis McQuail (org.). *McQuail's reader in mass communication theory*. London, Sage Publications, 2002, pp. 36-45.

[11] Peters, op. cit., p. 6.

mento. Sentido parecido tem a idéia de "comunicado" acadêmico enquanto mensagem ou notícia (p. 7). O termo também pode significar conexão ou ligação. Nos Estados Unidos do século XIX, podia indicar a ferrovia ("comunicação a vapor").

O segundo ramo de significado envolve transferência ou transmissão. Implica o sentido de transferência física: a comunicação de calor, luz, magnetismo ou dons, como já mencionado; é a "raiz da noção de comunicação enquanto transferência de entidades psíquicas como idéias, pensamentos ou significados". Por exemplo: quando John Locke fala de *comunicação de pensamentos*, usa o termo com conotação física e apropria-se dele para usos sociais (p. 8).

Outro ramo de significado é comunicação enquanto troca, isto é, como transferência de tempo também. Nesse sentido, a comunicação envolve intercâmbio, mutualidade e algum tipo de reciprocidade. Comunicação pode significar algo como a ligação bem-sucedida de dois terminais separados, como dizem na telegrafia. Também tem um sentido coloquial que indica uma conversa aberta e franca entre pessoas íntimas ou colegas de trabalho. Como diz Peters, não é uma conversa qualquer, refere-se a um tipo especial de conversa que se distingue pela intimidade e pela franqueza. E um sentido mais intenso de comunicação como *troca* dispensa totalmente a conversa e propõe um encontro de mentes, um partilhar "psicomântico", até mesmo fusão de consciências. Segundo Leo Lowenthal, "A verdadeira comunicação implica uma comunhão, um partilhar de experiência interior".[12] Como observa Peters, embora Lowenthal não diga necessariamente que podemos partilhar uma experiência interior sem a materialidade das palavras, ele formula lindamente a "comunicação como contato entre interioridades" (pp. 8-9).

Entre os vários sentidos de comunicação, também existe "comunicação" como um termo coringa para os vários tipos de interação simbólica. Como disse Charles Horton Cooley em 1909: "Aqui entendemos a comunicação como o mecanismo pelo qual as relações humanas se desenvolvem — todos os símbolos mentais, combinados aos meios de transmiti-los por meio do espaço e de preservá-los no tempo".[13] E a definição de Raymond Williams: comunicações são "as instituições e formas em que idéias, informações e atitudes são transmitidas e recebidas".[14] Nesse sentido, podem incluir um grande número de formas simbólicas: túmulos, hieróglifos, escrita, moedas, catedrais, selos, bandeiras, relógios, a imprensa, o correio, a telegrafia, a fotografia, o cinema, a

---

[12] Leo Lowenthal, "Communication and humanitas", apud Peters, op. cit., p. 8.

[13] Apud Peters, op. cit., p. 9.

[14] Raymond Williams. *Communications*. London Penguin, 1962, apud Peters, op. cit., p. 9.

telefonia, a fonografia, o rádio, a televisão aberta, a televisão a cabo, o computador, a Internet, a multimídia, a realidade virtual ou qualquer outro meio significativo. Peters, ao contrário, vê a comunicação como o projeto de reconciliação entre o "eu" e o outro, embora seja cético quanto à possibilidade de a palavra "comunicação" algum dia abalar os fantasmas do contato sem palavras (p. 9).

Debates teóricos da década de 1920

No século XX a comunicação foi um tópico particularmente controvertido no debate intelectual após as duas Grandes Guerras. Embora esses debates esclareçam as variedades do conceito plástico de comunicação e também abram uma janela mais contemporânea para entendermos a comunicação, neste trabalho nós somente os situaremos nos devidos períodos. Nossa intenção é apenas mostrar a evolução da reflexão sobre comunicação ao longo do tempo.[15]

Na década de 1920, o grande número de opções intelectuais na teoria da comunicação já estava visível. Como diz Peters, a comunicação era um conceito central na *filosofia*. Várias obras importantes investigaram o potencial e os limites da comunicação, entre as quais Karl Jaspers, *Psychologie der Weltanschaaungen* [Psicologia das concepções do mundo] (1919); Martin Buber, *Eu e tu* (1923); C. K. Ogden e I. A. Richards, *The meaning of meaning* [O significado do significado] (1923); John Dewey, *Experience and nature* [Experiência e natureza] (1925); Martin Heidegger, *Ser e tempo* (1927); Sigmund Freud, *Civilização e seus descontentamentos* (1930). No pensamento *sociológico* em geral, a comunicação foi vista por vários focos, como "multidão", "massa", "povo", "público" nas obras de Walter Lippmann, *Opinião pública* (1922); Edward Bernays, *Crystallizing public opinion* [Cristalizando a opinião pública] (1923); Georg Lukács, *History and class consciousness* [História e consciência de classe (1923); Carl Schmidt, *The crisis of parliamentary democracy* [A crise da democracia parlamentar] (1923, 1926); Dewey, *The public and its problems* [O público e seus problemas] (1927); Harold Lasswell, *Propaganda tecnique in the World War* [Técnica de propaganda na Guerra Mundial] (1927); e Freud, *Psicologia de grupo e a análise do ego* (1922). Obras-primas *modernistas* de Eliot, Hemingway, Kafka, Proust, Rilke e Woolf exploraram, todas elas, as panes da comunicação. O movimento dadaísta (com seu apogeu durante a guerra) e o surrealismo provocaram essas panes.

Segundo a pesquisa de Peters, "comunicação" significou coisas diferentes nesse conjunto de obras e parece que surgiram duas visões da comunicação

---
[15] Para uma pesquisa mais completa sobre essa questão, ver Peters, op. cit., pp. 10-22.

entre esses autores. Um aspecto da comunicação significava algo como a dispersão de símbolos persuasivos com a finalidade de controlar a opinião pública. Teóricos como Lippmann, Bernays e Lasswell apresentaram uma narrativa histórica sobre a importância crescente da "comunicação" e da "propaganda" na sociedade moderna. "Industrialização, urbanização, racionalização societária, pesquisa psicológica e novos instrumentos de comunicação criaram, todos eles, condições sem precedentes para a manufatura do consentimento entre populações dispersas" (p. 11). Além disso, a experiência da Primeira Guerra Mundial comprovou e confirmou que os símbolos não são apenas ornamentos estéticos, e sim motores primordiais da organização social. "Percepções estrategicamente cultivadas perderam ou venceram batalhas e mandaram homens das trincheiras para seus túmulos" (p. 11). Nesse contexto, Lasswell foi um dos que falaram sobre a inevitabilidade da manipulação enquanto um dos princípios da ordem social moderna.

Certamente essa questão (da escala e eficácia dos símbolos comunicados em massa) levantou perguntas relativas ao futuro da democracia porque, como diz Peters, se a vontade do povo era pouco mais que um "atoleiro" de estereótipos, censura, falta de atenção e libido manipulados por especialistas, o que significa a racionalidade do público? Autores diferentes deram respostas diferentes. Por exemplo: Walter Lippmann defendeu o declínio da soberania popular e sua substituição por um governo de especialistas. Para Lippmann, "a irracionalidade popular pode ser tanto maleável quanto intransigente" (p. 11). Carl Schmidt, um teórico político conservador, acredita que a crença do povo de que a discussão pública em um parlamento reflete a opinião pública seria pouco mais que piada. Por outro lado, o teórico marxista Georg Lukács via a arte da organização partidária não apenas como uma questão técnica, mas também como uma questão intelectual para a revolução. Em sua opinião, o processo revolucionário era inseparável do desenvolvimento da consciência de classe por parte do proletariado. Portanto, segundo as diferentes visões, enquanto Lippmann via a "produção calculada da opinião pública como prova da inviabilidade da democracia popular, Lukács via essa produção como uma necessidade para a ação revolucionária" (p. 12).

Uma segunda visão considera a comunicação o meio de sanar uma falta de concordância semântica que, por isso mesmo, abre um caminho para relações sociais mais racionais. Os críticos de Cambridge, C. K. Ogden e I. A. Richards (*The meaning of meaning*, 1923), são os melhores defensores desta visão, principalmente da visão dominante da comunicação como o partilhar acurado de consciência. Seu projeto era uma "ciência do simbolismo" que mais tarde teria grande aplicação no esclarecimento das controvérsias e confusão da intercomunicação humana. Para esses autores, comunicação não era a coordenação da ação ou a revelação da alteridade, e, sim, um encontro de mentes.

Portanto, como conclui Peters, a psicologia continua sendo a melhor ciência para estudar a comunicação. Para Ogden e Richards, o problema da teoria da comunicação é a delimitação e análise de contextos psicológicos. Seu medo do solipsismo ecoou em obras-primas modernistas da década de 1920 e introduziu uma terceira concepção: "a comunicação enquanto barreira intransponível" (pp. 12-14).

O contexto é descrito por Peters: a análise da propaganda foi impulsionada pela modernização da sociedade e da política; a sensação de impossibilidade estava no cerne do modernismo literário e estético. Um se preocupava com a comunicação de mão única, o outro, com a falta de comunicação. Dramas de desolação interpessoal, por exemplo, estão no âmago do poema *The waste land* (1922), de T. S. Eliot. *O castelo* (1926), de Kafka, publicado postumamente, também mostra que a comunicação interpessoal não é diferente da comunicação de massa: ambas destinam-se a públicos invisíveis, ausentes ou velados. A reflexão sobre arte e sociologia do século XX foi um eco ao "espectro do eu claustrofóbico", disseminando o medo da impossibilidade da comunicação (pp. 14-15).

Martin Heidegger e John Dewey: visões importantes da década de 1920

A primeira coisa a notar sobre Martin Heidegger e sobre Dewey é que, apesar de suas diferenças, ambos rejeitaram a visão mentalista e o subjetivismo concomitante do significado: ambos puseram um ponto final às duas linhas de solipsismo e telepatia.

Ser e tempo (1927) de Heidegger, a obra mais influente da filosofia do século XX, expressa sua aversão a qualquer idéia de comunicação como um partilhar mental: "Comunicação [*Mitteilung*] nunca é algo como um transporte de experiências, como opiniões e desejos, do interior de um sujeito para o interior dos outros".[16] Para Heidegger, a transmissão de mensagens ou afirmação de fatos era um caso especial; mais fundamentalmente, a comunicação é a articulação interpretativa do fato de sermos "lançados" no mundo com outras pessoas. Ser com outros é fundamental para nossa existência. Portanto, para Heidegger, comunicação não envolve transmitir informações sobre a própria intencionalidade, e sim uma pessoa exercer-se de tal maneira que fica aberta para a alteridade do outro. Para Karl Jaspers (*Psychologie der Weltanschaaun-*

---

[16] Martin Heidegger, apud Peters, op. cit., p. 16.

gen, 1919) e Martin Buber (*I am thou* [Eu sou tu], 1923), a comunicação diz respeito à constituição de relação, à revelação da alteridade, não ao partilhar de propriedade privada mental (pp.16-17). A noção de comunicação, para Heidegger, não era semântica (troca de significados) nem pragmática (ações coordenadas), e sim revelação do mundo (acesso à alteridade).[17] A visão de comunicação de Heidegger exerceu grande influência sobre Sartre, Levinas, Arendt, Marcuse, Leo Strauss, Derrida e Foucault, entre outros.

Em John Dewey vemos o equilíbrio entre tecnologia e indústria, de um lado, e o desaparecimento subseqüente da comunicação face a face, do outro. Ele evita a visão semântica da linguagem como "sistema de encanamento intermental"; concebia a comunicação como "o fazer pragmático da vida em comunidade". Como outros pragmatistas, Dewey considerava o universo algo mais que matéria e mente: é também os mundos que se abrem entre as pessoas, que ele chamava de "experiência" — em seus últimos anos, ele propôs o termo "cultura" em lugar de experiência (p. 18).

Como diz Peters,

> para Dewey, a comunicação acontecia no mundo público da experiência entrelaçada com signos e práticas comuns [...]. Como Heidegger, via a linguagem como um pré-requisito do pensamento. [...] Dewey talvez seja o melhor exemplo de um teórico da comunicação enquanto participação. [Para ele], comunicação significava tomar parte em um mundo coletivo, e não partilhar o segredo da consciência. Envolvia o estabelecimento de um ambiente em que "a atividade de cada um é regulamentada e modificada pela parceria". O significado não é uma propriedade privada, e, sim, uma "comunidade de participantes", "método de ação", forma de usar as coisas como meios para uma "consumação comum a todos" ou "interação possível" (pp. 18-19).

Peters está certo ao dizer que Dewey é o melhor exemplo de um teórico da "comunicação enquanto participação" porque, para ele, comunicação é tomar parte na criação de um mundo coletivo. Também é o motivo pelo qual, para ele, a comunicação sempre levanta o problema político da democracia (p. 19).

Em resumo, houve cinco visões na década de 1920, segundo Peters: comunicação como manipulação da opinião pública; eliminação da neblina semântica; saída da fortaleza do eu rumo à ação; revelação da alteridade; e orquestração da ação. Para Heidegger, a comunicação revelava nosso ser com o outro/alteridade enquanto seres sociais; para Ogden e Richards, permitia um encontro claro de mentes; e, para Dewey, era o alicerce do edifício da comunidade e a dança da criação (pp. 19-20).

---

[17] WHITE, Stephen K. *Political theory and postmodernism* (Cambridge, Cambridge University Press, 1992), apud Peters, op. cit., p. 17.

É preciso dizer que a importância dessas cinco visões apresentadas sucintamente está no fato de cada uma delas ter sido antecipada por doutrinas anteriores. Por exemplo: a comunicação enquanto propaganda foi captada em uma frase famosa de Juvenal, o satírico romano, de que não é preciso mais nada além de *panem et circenses* (pão e circo) para satisfazer as massas.[18] O sonho da comunhão mental via acordo semântico foi acalentado por John Locke, e o sonho da consciência partilhada está presente na angeologia e no misticismo medieval. O colapso da comunicação foi explorado por Kierkegaard, Emerson e por Hegel, que via "a comunicação como a declaração de um direito existencial ao reconhecimento de um ser humano entre outros seres humanos". Finalmente, a comunicação enquanto coordenação da ação aparece nos empiristas ingleses e é um tema central do pragmatismo antes de *Experience and nature* de Dewey. Peters conclui que a década de 1920 serviu de janela tanto para o que veio antes quanto para o que veio depois.

Os pensadores de hoje

Segundo Peters, os pensadores contemporâneos que tiveram a maior influência sobre a comunicação são, provavelmente, Jürgen Habermas[19] e Emmanuel Levinas. Habermas, como Dewey, considera a comunicação um tipo de ação que não só implica um eu moralmente autônomo, mas é também um processo que, se generalizado, envolve a criação de uma comunidade democrática. Ele sublinha o fato de que a comunicação não é um partilhar de consciência, e, sim, a coordenação de ação orientada para a deliberação sobre a justiça. Para Habermas, a comunicação tem um inegável tom normativo. Por outro lado, Levinas baseia-se na herança fenomenológica de Husserl e Heidegger, que compreende a comunicação não como fusão, troca de informações ou atividade conjunta, mas como empatia. Vê a comunicação como uma obrigação ética para com a alteridade do outro.

Segundo Peters, a tarefa de hoje "é renunciar ao sonho da comunicação enquanto preservamos os bens que ele evoca" (p. 21). Dizer que a comunicação, no sentido de mentes compartilhadas, é impossível, não significa que não possamos cooperar plenamente (visão de Dewey). Por outro lado, apontar para a onipresença da coordenação pragmática também não significa que inexista um abismo entre o "eu" e o outro (visão de Heidegger). Para Peters, Habermas

---

[18] GINER, Salvador, *Mass society* (New York, Academic Press, 1976), apud Peters, op. cit., p. 20.

[19] Para uma discussão mais aprofundada de Habermas, ver também John B. Thompson, *A mídia e a modernidade*, Petrópolis, Vozes, 2001 e Roger Silverstone, *Por que estudar a mídia?* São Paulo, Loyola, 2002.

subestima a estranheza da linguagem; seus adversários franceses, como Derrida (influenciado por Levinas), subestimam sua instrumentalidade. Ambas as linhas de pensamento — a linha Dewey-Habermas e a linha Heidegger-Levinas-Derrida — revelam verdades importantes sobre a comunicação, verdades "que são inacessíveis aos propagandistas, semânticos e solipsistas de nosso meio, mas nenhuma das duas apresenta toda a paleta de cores". "Uma delas tem gravidade demais, ao passo que as outras flutuam em uma câmara de gravidade zero" (p. 21). Habermas, por exemplo, ignora o que Charles Sanders Peirce chamou de "esfera da meditação". Mas Derrida ignora o "lado prosaico da conversa" (p. 21).

Nosso dever, diz Peters, é "descobrir uma visão da comunicação que não ignore o curioso fato da alteridade como seu âmago, nem a possibilidade de fazer coisas com palavras". Aqui aparece a posição intermediária representada nos debates recentes por Paul Ricoeur e Hans-Georg Gadamer, em que a linguagem, como o mais seguro de todos os meios de persuasão, também consegue coordenar a ação.

Depois da Segunda Guerra Mundial

Poderíamos dizer que a característica do pensamento da década de 1920 é a falta de qualquer tipo de distinção entre a conversa face a face e a comunicação de massa. "Meios de comunicação de massa", um termo cunhado na década de 1920, era um horizonte vago, como descreve Peters: a sombra do "aparato simbólico" (Ogden e Richards), "distração" (Heidegger), "instrumentalidades da comunicação" (Dewey), "meios propagandísticos" (Bernays) ou "algemas de prata" (Lasswell). No entanto, a idéia de "meios de comunicação de massa" enquanto campo distinto da atividade institucional e discursiva ainda não tinha nascido. "Comunicação" era um vocábulo sem especificação de graus. Poderia ocorrer em qualquer campo ou lugar. Na década de 1930, a base do contraste entre comunicação de massa e comunicação interpessoal começou a se desenvolver, isto é, a comunicação começou a se separar do corpo das comunicações. Por conseguinte, a década de 1930 viu o surgimento de uma tradição de pesquisa social de orientação empírica — freqüentemente com finalidades comerciais — sobre o conteúdo, os públicos e os efeitos dos novos meios de comunicação de massa, principalmente o rádio (Paul F. Lazarsfeld foi a principal personalidade desse tipo de pesquisa); viu um corpo sistemático de teoria e crítica social, grande parte do qual preocupado com a comunicação e sua distorção na cultura de massa, criado por emigrados judeus-alemães da escola de Frankfurt, e viu também o breve esplendor da análise da propaganda (p. 22).

Na década de 1930, embora tenha havido um desenvolvimento de atitudes características sobre o significado social dos meios de comunicação de massa e muitas obras de peso tenham sido publicadas além dessas (como cadernos do cárcere de Antonio Gramsci (1932), *Art as experience* [a arte como experiência] de Dewey (1934) e obras de Kenneth Burke), a explosão seguinte de interesse intelectual e público pela "comunicação" aconteceu depois da guerra. Como diz Peters, a década de 1940 foi, provavelmente, o momento mais grandioso do século em termos de confronto com a comunicação. Uma fonte foi a empolgação em torno da teoria da informação (conhecida originalmente como teoria da comunicação), que se desenvolveu a partir da "prática da informação" das telecomunicações, especificamente a partir da pesquisa sobre telefonia dos Laboratórios de Bell, que começou na década de 1920, e sobre a criptografia, durante a guerra. *Mathematical theory of communication* [Teoria matemática da comunicação] (1948), de Claude Shannon,[20]

> deu aos cientistas uma visão fascinante da informação em termos de entropia, o antigo termo favorito da termodinâmica, deu à AT&T uma definição técnica da redundância dos sinais e, por conseguinte, uma receita para "aparar" freqüências com a finalidade de encaixar mais chamadas em uma única linha, e deu à vida intelectual norte-americana um vocabulário muito apropriado para a nova situação comprovada do país enquanto liderança mundial em termos militares e políticos.

A teoria da comunicação era explicitamente uma teoria dos "sinais", e não do "significado".

Mas essas estipulações receberam pouca consideração à medida que os termos se difundiam rapidamente pela vida intelectual. Portanto, "informação passou a ser um substantivo e a teoria da comunicação passou a ser uma explanação do significado, bem como da capacidade do canal" (pp. 22-23). Como observa Peters, essa teoria pode ter parecido empolgante por transformar algo familiar na guerra, a burocracia e a vida cotidiana, num conceito da ciência e da tecnologia. Assim, "a informação não era mais dados brutos, logística militar ou números de telefone: era o princípio da inteligibilidade do universo" (p. 23).

A difusão da teoria da informação teve conseqüências profundas. Uma delas foi a reinterpretação da grande cadeia do ser (vendo o DNA como um código de informações genéticas, as sinapses nervosas transformaram-se em interruptores e linhas telefônicas nervosas...). No mundo social, descobrimos, por exemplo, que bons administradores devem se comunicar efetivamente, isto é, partilhar informações com seus funcionários; e, internacionalmente, ficamos sabendo que fluxos de informação melhores entre as nações ajudavam no sentido de se chegar à paz e à compreensão mundial. No universo da ordem políti-

---

[20] Warren Weaver é apresentado como co-autor, mas a teoria era de Shannon. Um texto importante da mesma época foi o de Norbert Wiener, *Cybernetics; or communication and control in the animal and machine*, apud Peters, op. cit., p. 23.

ca, a comunicação e a informação reinavam soberanas. O discurso da informação gerou muitas especialidades, que se definem como produção, manipulação e interpretação de informações: a ciência da computação, a engenharia elétrica, a estatística, o texto expositivo, a biblioteconomia, a psicolingüística, a ciência da administração e grande parte da pesquisa sobre economia, jornalismo e comunicação. Quase ironizando, Peters observa que os estudantes de comunicação às vezes ainda têm de explicar que não estão fazendo engenharia elétrica.[21]

Como já dissemos, na construção do pensamento sobre comunicação no período pós-guerra, um dos discursos dominantes foi o discurso técnico sobre a teoria da informação, que abarcava desde Samuel F. B. Morse até Marshall McLuhan, de Buckminster Fuller a Alvin Tofler (todos eles acham que as imperfeições do intercâmbio humano podem ser sanadas com uma tecnologia ou técnicas melhores). O outro discurso era um discurso terapêutico sobre comunicação enquanto cura e doença. A visão terapêutica da comunicação, desenvolvida pela psicologia humanista e existencialista, também afirma que os problemas do contato humano podem ser resolvidos, tanto por tecnologias melhores quanto por técnicas melhores de relacionamento. Com formação nas Nações Unidas, e principalmente na Unesco, alguns intelectuais alimentaram esperanças de que a "comunicação" pudesse ser um agente de esclarecimento global. Entre esses intelectuais está Harry Stack Sullivan (psiquiatra), que cunhou o termo "interpessoal" em 1938 e trabalhou na Unesco; Julian Huxley (biólogo), primeiro líder da Unesco, cujo sonho era empregar os meios de comunicação de massa para divulgar o humanismo científico e secular por todo o globo; e Gregory Bateson, que tinha os pés tanto na empolgação cibernética da informação quanto na visão psiquiátrica da comunicação.

Outra figura-chave, enquanto teórico terapêutico da comunicação, foi Carl R. Rogers, o líder da psicologia humanista centrada na pessoa da era do pós-guerra. Segundo suas próprias palavras, em 1951, "A tarefa da psicoterapia é a de lidar com o fracasso da comunicação" e "ajudar a pessoa a conseguir, por meio de uma relação especial com um terapeuta, uma boa comunicação com ele".[22] É importante levar em conta que a teoria da comunicação do pós-guerra foi influenciada de forma decisiva, ao menos em sua ambição de ciência social, pela Guerra Fria. Na verdade, Rogers recomendava ampliar os métodos de compreensão de pequenos grupos para fóruns muito maiores, como as relações tensas entre os norte-americanos e os russos, porque, se ambas as partes tentassem mais compreender que julgar, poderiam colher importantes frutos políticos. Não há dúvida de que foi uma visão messiânica da comunicação terapêutica. Também foi nessa época (1950) que a televisão apareceu.

---

[21] Para dispor de mais detalhes sobre a teoria da informação, ver Peters, op. cit., pp. 24-26.

[22] Apud Peters, op. cit., p. 26.

A tela da televisão e o "Grande irmão de Orwell" (1948) tornaram-se elementos fundamentais de comentários sobre o significado dos meios de comunicação de massa, e as imagens da sociedade de massa na vida intelectual norte-americana eram uma versão codificada da paranóia de que essas coisas pudessem acontecer aqui (pp. 26-27).

Concluindo esta parte, concordamos com Peters que "comunicação", seja o que for que signifique, não é uma questão de melhora dos fios ou de auto-revelação mais livre; o que ela envolve é um nó permanente da condição humana. Por isso, a "comunicação" freqüentemente nos desvia da tarefa de construir mundos juntos. Convida-nos a entrar em um mundo de sindicatos sem política, de compreensão sem linguagem e de almas sem corpos, e acaba levando a política, a linguagem e os corpos a reaparecerem mais como obstáculos do que como bênçãos. A idéia de comunicação merece ser liberada de sua seriedade e espiritualismo, de sua exigência de precisão e concordância.[23]

---

[23] Peters, op. cit., pp. 30-31.

Parte II
O surgimento dos *mass media* e a comunicação mediada

A importância da comunicação de massa na primeira parte do século XX aparece como um elemento central no desenvolvimento das idéias modernas sobre comunicação.

Portanto, temos aqui uma continuação do capítulo anterior, na evolução das idéias de comunicação, agora no século apenas terminado.

É claro que em todas as sociedades há um envolvimento das pessoas com a produção e troca de informações e conteúdos simbólicos. Esse sistema vai desde as primeiras formas (gesto, linguagem verbal) a rápidos avanços "na tecnologia da computação, na produção, armazenamento e circulação de informações e conteúdos simbólicos". Segundo John B. Thompson, é preciso levar em consideração o relacionamento das várias partes como "criadores de significado", pois os meios de comunicação têm uma dimensão simbólica irredutível.

Segundo o autor, perde-se facilmente de vista esta dimensão simbólica e preocupa-se tão-somente com os aspectos técnicos da comunicação. É preciso levar em conta que, no desenvolvimento das instituições de meios de comunicação de massa (desde o final do século XV), esses processos — produção, armazenamento e circulação — sofreram transformações de grande escala. Enquanto conseqüências dos processos institucionais, as formas simbólicas são produzidas e reproduzidas em uma escala cada vez maior; foram transformadas em mercadorias compradas e vendidas em mercados, alcançando indivíduos dispersos no espaço e no tempo. Portanto, como diz Thompson, o desenvolvimento dos meios de comunicação de massa transformou a natureza da comunicação de maneira profunda e irreversível na sociedade contemporânea.[1]

---

[1] Thompson, *A mídia*, op. cit., p. 10.

Embora os meios de comunicação impliquem vários aspectos importantes como parte de sua natureza — desenvolvimento técnico, por exemplo —, concordamos com Thompson sobre o sentido essencial do desenvolvimento dos meios de comunicação como "uma reelaboração do caráter simbólico da vida social". Ele reconhece as formas e modos segundo os quais as informações e o conteúdo simbólico são produzidos e trocados. Também reestrutura as formas das relações entre indivíduos (THOMPSON 2001, p. 11). É apropriado dizer que, ao usar os meios de comunicação de massa, as pessoas certamente estão fabricando redes de significado para si próprias, como observou Clifford Geertz: "o homem é um animal suspenso nas teias de significado que ele próprio tece".[2]

Sem subestimar os vários contornos importantes dos meios de comunicação no contexto social ("os meios de comunicação têm uma dimensão simbólica irredutível") e seu processo de transformação, isto é, produção, armazenamento e circulação de materiais significativos para os indivíduos, nossa preocupação, neste momento, é com o *caráter significativo das formas simbólicas*.[3] Em outras palavras, pretendemos fazer uma abordagem fundamentalmente "cultural". Ela leva em conta a comunicação mediada que sempre tem de estar inserida em contextos sociais que, com certeza, são estruturados de formas variadas e que, por sua vez, têm um impacto estruturador sobre a comunicação que acontece. Como tal abordagem também requer uma visão geral e resumida de alguns pontos constitutivos do papel dos meios de comunicação no desenvolvimento das sociedades modernas, começamos por apresentar algumas características importantes do mundo moderno como uma plataforma do processo de transformação institucional. Também é necessário esclarecer algumas características da "comunicação de massa".

Levando em conta que a comunicação mediada é parte integrante do contexto mais amplo da vida social, discutiremos sucintamente o *conceito de cultura e transmissão cultural*, como um dos aspectos básicos; depois, com um enfoque mais construtivo da interação mediada, seguiremos uma abordagem segundo a obra de John B. Thompson.[4]

Ao abandonar a premissa de que os destinatários dos produtos da mídia (de formas simbólicas) são passivos, torna-se importante discutir a questão da recepção (interpretação do público) com base na obra de Robert White, que analisa quatro abordagens importantes da teoria da recepção/interpretação.

---

[2] GEERTZ, Cliffor, *Interpretation of cultures*. New York, Basic Books, 1973. p. 5.

[3] Thompson usa o termo "poder simbólico" para designar a capacidade de intervir no curso dos acontecimentos, de influenciar as ações dos outros e, na verdade, de criar eventos pela produção e transmissão de formas simbólicas. Mas o termo é um empréstimo de Bourdieu. Thompson o usa com vários sentidos diferentes. *The media*, cit., pp. 17, 269.

[4] Thompson, *Ideology,* cit. Idem, *The media,* cit.

No entanto, um interesse particular leva-nos a considerar a questão do mito e do ritual como parte da vida cotidiana. Acreditamos firmemente que são estruturas essenciais que sustentam os alicerces da segurança de nossa vida cotidiana. Para tal finalidade, baseamo-nos, sobretudo, nas obras de Roger Silverstone.[5]

A transformação institucional

Segundo a visão de Thompson, é preciso considerar que a maioria das características distintivas do mundo moderno é resultado de uma série de transformações institucionais que começaram na Europa (Idade Média) e que se expandiram por meio da exploração, do comércio e da colonização a outras partes do planeta, intensificando o processo de transformação institucional. Envolveu uma série de mudanças econômicas, que tiveram início no feudalismo europeu e se converteram gradualmente em um novo sistema de produção e troca capitalistas.

No curso de seu desenvolvimento, as sociedades modernas também passaram por um processo de mudança política que levou a um sistema de Estados-Nação, definiu territórios e organizou um processo apropriado e centralizado de tributação e administração. Certamente a guerra desempenhou um papel decisivo no processo de mudança política; o poder militar concentrou-se progressivamente nas mãos dos Estados-Nação. Essas grandes linhas constitutivas da transformação institucional, como diz Thompson, parecem claras e receberam bastante atenção na literatura recente. Mas o que os teóricos sociais não consideraram uma questão importante foi o papel dos meios de comunicação no surgimento das sociedades modernas.[6]

Discutindo as formas evolutivas da modernidade, Thompson observa que esses teóricos sociais usam formas "moldadas pela herança do pensamento sociológico clássico". Termos e referências são tomados da obra de autores dos séculos XIX e XX, procurando dar sentido ao surgimento das sociedades industriais. Portanto, a abordagem cultural consistiu sobretudo em processos de racionalização e secularização. Em outras palavras, a preocupação era identificar grandes mudanças nos valores e crenças.[7] Assim que, sem descartar a relevância desse foco, também é extremamente importante incluir o foco da atenção às formas simbólicas e a seus modos de produção e circulação no mundo

---

[5] Roger Silverstone é pesquisador e diretor do Departamento de Comunicação da The London School of Economics and Political Science, em Londres.

[6] Thompson, *The media*, cit., p. 3.

[7] Idem, ibidem, p. 46.

social. Desse modo é possível compreender a transformação cultural sistemática que começou a ocorrer.

Dado o grande número de inovações técnicas associadas à imprensa e, depois, à codificação elétrica das informações, a produção, reprodução e circulação de formas simbólicas aconteceram em uma escala sem precedentes. "As formas de comunicação e interação começaram a mudar de maneiras profundas e irreversíveis." Essas mudanças, que incluem "a mediação da cultura", tiveram uma base institucional, isto é, o desenvolvimento das empresas de comunicação que surgiram no final do século XV e que, desde essa época, vêm expandindo suas atividades.[8]

A comunicação de massa:[9] algumas características

As origens da comunicação de massa remontam ao final do século XV, quando as técnicas associadas à prensa tipográfica de Gutenberg foram adotadas por um grande número de instituições dos principais centros comerciais da Europa e exploradas com a finalidade de produzir múltiplas cópias de manuscritos e textos.

Como diz Thompson, comunicação de massa é uma "expressão infeliz". Um dos motivos dessa "infelicidade" é que o termo "massa" é particularmente enganoso. Implica a imagem de um grande público. Mas o importante sobre a comunicação de massa é que ela não depende do número de indivíduos que recebem os produtos, "e sim que, em princípio, os produtos estão à venda para uma pluralidade de consumidores". A palavra "massa" pode ser ambígua também porque sugere que os destinatários dos produtos da mídia constituem um conjunto vasto ou passivo de indivíduos indiferenciados. Além disso, se "massa" é um termo enganoso em certos aspectos, Thompson diz ainda que o termo "comunicação" também pode ser enganoso, pois os tipos de comunicação geralmente envolvidos na comunicação de massa são bem diferentes daqueles envolvidos na conversa comum. Explica que, nas trocas comunicativas que acontecem na interação face a face, o fluxo da comunicação costuma ser de mão dupla: uma pessoa fala, a outra responde, e assim por diante.

---

[8] Idem, ibidem, p. 46.

[9] O meio técnico da comunicação é o substrato material das formas simbólicas, isto é, os elementos materiais com os quais, e por meio dos quais, a informação ou conteúdo simbólico é fixado e transmitido do produtor ou receptor. Mas o termo "meios de comunicação" nos sugere um conjunto mais específico de instituições e produtos: pensamos em livros, jornais, programas de rádio e televisão, filmes, fitas, CDs etc. Isto é, pensamos em um conjunto de instituições e produtos que em geral são classificados sob o título de "comunicação de massa". *A mídia e a modernidade*, cit., pp. 18, 24.

Em outras palavras, as trocas comunicativas da interação face a face são, fundamentalmente, dialógicas. No caso da maioria das formas de comunicação de massa, o fluxo de comunicação é, ao contrário, esmagadoramente de mão única. As mensagens são produzidas por um conjunto de indivíduos e transmitidas a outros que se situam tipicamente em ambientes espacial e temporalmente remotos em relação ao contexto original de produção. Por isso, os destinatários das mensagens da mídia não são tanto parceiros em um processo recíproco de troca comunicativa, e, sim, participantes de um processo estruturado de transmissão simbólica.[10]

Outra razão importante apresentada por Thompson é que o termo comunicação de massa pode parecer um pouco impróprio hoje, porque uma vez que em geral o associamos a certos tipos de transmissão de mídia (com difusão de jornais de grande circulação e de sinais de rádio e televisão etc.), há uma mudança fundamental na natureza da comunicação mediada. Em outras palavras, precisamos considerar, por exemplo, que a passagem de sistemas de informação e codificação analógicos para os digitais, combinada ao desenvolvimento de outros sistemas de transmissão, está criando um novo ambiente técnico em que a informação e a comunicação podem ser administradas com mais flexibilidade. "Comunicação mediada" e, mais simplesmente, "'mídia' seriam termos com menos carga enganosa".[11]

Como diz Thompson,

> a comunicação de massa é um conjunto de fenômenos que surgiu historicamente com o desenvolvimento de instituições que procuram explorar novas oportunidades de coleta e armazenamento de informações, para produzir e reproduzir formas simbólicas e para transmitir informações e conteúdos simbólicos a uma pluralidade de destinatários em troca de algum tipo de remuneração financeira.[12]

O que é ressaltado nessa definição são as características importantes da "comunicação de massa". Uma dessas características, que recebeu muita atenção na literatura sobre a mídia, é que a comunicação de massa envolve certos recursos técnicos e institucionais de produção e difusão. Em outras palavras, o desenvolvimento da comunicação de massa é inseparável do desenvolvimento das indústrias de mídia. A comunicação de massa também envolve a exploração comercial de inovações técnicas, isto é, "a mercantilização das formas simbólicas", que podem estar sujeitas a dois tipos principais de valorização: "valorização simbólica" (formas simbólicas enquanto valores simbólicos) e "valori-

---

[10] Idem, ibidem, p. 25.

[11] Idem, ibidem, pp. 24-26.

[12] Idem, ibidem, pp. 26.

zação econômica" (valores econômicos: mercadorias que podem ser compradas e vendidas no mercado por dinheiro).[13]

A terceira característica apontada por Thompson é que a comunicação de massa institui uma ruptura estruturada entre a produção de formas simbólicas e sua recepção, como se verá ao longo deste trabalho. A extensão e a disponibilidade de formas simbólicas no espaço e no tempo constituem a quarta característica da comunicação de massa. Em outras palavras, as mensagens mediadas estão à disposição em contextos muito distantes daqueles em que foram produzidas originalmente. Com a comunicação de massa, o conteúdo simbólico é posto à disposição de mais indivíduos através de extensões maiores no espaço e a velocidades maiores. Essa realidade introduz a quinta característica da comunicação de massa, a circulação pública de formas simbólicas. Assim, os produtos são postos à disposição de uma pluralidade de destinatários pelas indústrias de mídia.

Concepção de cultura

Cultura sempre foi um termo extremamente complexo. Desde que Alfred Kroeber e Clyde Kluckhorn (1952) criaram a prática de classificar a cultura, o conceito tornou-se uma das noções-chave do pensamento sociológico contemporâneo.[14] As dificuldades continuam existindo até hoje, como diz Raymond Williams: "tanto o problema quanto o interesse da sociologia da cultura podem ser vistos simultaneamente na dificuldade do termo que parece defini-la".[15] No desenvolvimento do conceito de cultura, Thompson reconhece três elementos básicos: a concepção *clássica* de cultura; a concepção antropológica *descritiva* de cultura; e a concepção antropológica *simbólica* de cultura. Mas ele também esboça uma abordagem alternativa ao estudo dos fenômenos culturais, que chama de concepção *estrutural* de cultura.[16]

O conceito *clássico* de cultura, que Thompson considera, é um conceito importante nos debates dos filósofos e historiadores alemães dos séculos XVIII e XIX. Para Thompson, esses estudos consideram a cultura "o processo de desenvolver e enobrecer as faculdades humanas, um processo facilitado pela assimilação de palavras do saber e da arte, e ligado ao caráter progressista da era moderna".[17]

---

[13] Para dispor de uma discussão mais aprofundada sobre esse ponto, ver também Thompson, *Ideology*, cit., pp. 154-162.

[14] Kroeber, A. L. & Kluckhorn, C. *Culture: a critical review of concepts and definition*. Cambridge, Harvard University Press, 1952.

[15] WILLIAMS, R. *Culture*. London, Fontana, 1981. p. 10.

[16] Thompson, *Ideology*, pp. 122-145.

[17] Idem, ibidem, p. 126.

Vale a pena notar que a maioria dos textos desse tipo é histórica e privilegiou os valores da *intelligenz* alemã. Mas, na segunda metade do século XIX, essa noção etnocêntrica de cultura começou a cair de moda, principalmente entre os antropólogos, influenciados sobretudo pelo "relativismo cultural".

Nos estudos etnográficos da antropologia, Thompson distingue dois conceitos básicos de cultura: a concepção antropológica *descritiva* e a concepção antropológica *simbólica*. A *concepção descritiva* remonta a Gustav Klemm, que publicou o primeiro dos dez volumes de sua *Allgemeine Kultur-Geschichte der Menschheit* em 1843.[18] A obra de Klemm investiga o desenvolvimento gradual da humanidade desde os seus primórdios, começando a mostrar o caráter evolutivo da noção clássica de cultura, isto é, que a cultura progride por estágios. Além disso, os textos de Klemm revelam uma preocupação nova com a geração de descrições principalmente de culturas não-européias, como as dos "índios sul-americanos" e da "caça e pesca de selvagens das tribos da América do Sul e do Norte".[19] Mas, segundo Kroeber e Kluckhorn, foi Edward Taylor, em 1871, o primeiro a formalizar essa abordagem em seu livro *Primitive culture* [Cultura primitiva], pois ali afirma que cultura, "compreendida em seu sentido etnográfico, é aquela totalidade complexa que inclui saber, crença, arte, moral, direito, costume e todas as outras faculdades e hábitos adquiridos pelo homem como membro da sociedade".[20]

Essa concepção foi resumida por Thompson da seguinte forma: "a cultura de um grupo ou sociedade é o conjunto de crenças, costumes, idéias e valores, bem como artefatos, objetos e instrumentos materiais, adquiridos pelos indivíduos enquanto membros do grupo ou sociedade".[21] As dificuldades dessa abordagem têm a ver com os sistemas evolutivos e os argumentos funcionalistas de A. Racliffe-Brown e Bronislaw Malinowski,[22] por exemplo. Mesmo assim, ela também foi criticada, segundo Thompson, exatamente pela amplitude de estudos que permite, reduzindo a capacidade discriminatória da noção de cultura e tornando-a bastante vaga.[23]

A partir dos estudos antropológicos da década de 1940, começou a surgir uma abordagem muito diferente da cultura: a *concepção simbólica de*

---

[18] KLEMM, G. *Allgemeine Kultur-Geschichte der Menschheit*. Leipzig, B. G. Teubner, 1843-1852, apud Slevin, James. *The Internet and society*, Cambridge, Polity Press, 2000, p. 57.

[19] Kroeber & Kluckhorn, op. cit., pp. 44-46.

[20] Ibidem, p. 287; E. B. Taylor, *Primitive culture: researchers into the development of methodology, Philosophy, religion, art, and custom*, v. 1. London, John Murray, 1891, p. 1.

[21] Thompson, *Ideology,* cit., p. 129.

[22] Para dispor de uma discussão mais aprofundada, ver também A. Giddens, *New rules of sociological method: a positive critique of interpretative sociologies*. London, Hutchinsdon, 1976, p. 119.

[23] Thompson, *Ideology*, op. cit., p. 130.

cultura, como Thompson a chama. Ela reorientou a análise da cultura "na direção do estudo do significado e do simbolismo".[24] Leslie White foi a primeira antropóloga a enfatizar o simbolismo dessa forma.[25] Evidência dessa reorientação também pode ser encontrada na obra de Read Bain, ao afirmar que "cultura é todo comportamento mediado por símbolos".[26] Como diz Thompson, os textos de Clifford Geertz, principalmente *The interpretation of cultures,* são uma tentativa revigorante de elaborar as implicações desse tipo de abordagem para a investigação antropológica.[27] Geertz acreditava (como Max Weber) que "o homem é um animal suspenso nas teias de significado que ele mesmo tece", e compreende cultura "como essas teias e, por isso, sua análise não é uma ciência experimental em busca de leis, e sim uma disciplina interpretativa em busca do significado".[28] Geertz compara cultura a um texto, a uma "crítica literária". Portanto, o antropólogo, enquanto "etnógrafo, 'inscreve' o discurso social",[29] isto é, põe o discurso no papel.

Mas, embora os textos de Geertz sejam admiráveis pela forma como ele procura distanciar-se de algumas das premissas mais peculiares das concepções mais antigas, Thompson diz que sua teoria interpretativa da cultura também tem suas limitações, e as classifica em três grupos. A primeira é que os "moldes culturais" são apenas um pano de fundo contra o qual a interação social torna-se inteligível. Mesmo quando os descreve como "historicamente transmitidos", eles aparecem como algo dado, e não como um produto negociado da ação humana; Geertz não explica como as instruções são codificadas, nem como os programas são escritos em nossos moldes culturais, mas a idéia de interação social é criada, controlada e governada de alguma forma.

A segunda dificuldade diz respeito à noção de cultura como um "documento representado". Embora ele reconheça que "documento representado" não é "discurso social", não dá atenção suficiente aos problemas que a interpretação diferencial levantaria. A terceira limitação da abordagem de Geertz também é gerada pela noção de cultura como um "documento representado". Oferece uma compreensão muito restrita das propriedades *estruturais* da cultura em geral, não havendo, por exemplo, compreensão da relação entre fenômenos culturais, transformação institucional e história.

Na opinião de Thompson, a importância da concepção que Geertz tem da cultura consiste, principalmente, em dar proeminência ao estudo dos fenô-

---

[24] Idem, ibidem, p. 132.

[25] Idem, ibidem, p. 131.

[26] Citado por James Slevin, *The Internet,* op. cit., p. 58.

[27] C. Geertz, *The interpretation of cultures: selected essays.* New York, Basic Books, 1973.

[28] Idem, ibidem, p. 5.

[29] Idem, ibidem, pp. 9-10, 19.

menos culturais enquanto formas simbólicas significativas. Um desdobramento posterior de sua contribuição requer que se leve em conta uma abordagem alternativa às relações sociais estruturadas e aos contextos dentro dos quais as informações e outros conteúdos simbólicos são produzidos e recebidos.[30]

Considerando os problemas da concepção simbólica de cultura, Thompson repensa a cultura e formula uma alternativa que dá uma resposta às questões da *concepção estrutural da cultura* descrita como

> o estudo das formas simbólicas — referindo-se a um grande número de fenômenos significativos, partindo da ação, dos gestos e dos rituais à expressão verbal, textos, programas de televisão, obras de arte e vários outros tipos de manifestação — em relação a contextos e processos historicamente específicos e socialmente estruturados nos quais, e por meio dos quais, essas formas simbólicas são produzidas, transmitidas e recebidas.

Thompson observa que o termo "estrutural" não deve ser confundido com "estruturalista", usado em geral para designar um grande número de métodos, idéias e doutrinas associados a pensadores franceses como Lévi-Strauss, Barthes, Greimas, Althusser e, em algumas fases de sua obra, Foucault. Como diz ele, os métodos "estruturalistas" estão interessados, tradicional e primordialmente, nas características estruturais internas das formas simbólicas, ao passo que a concepção estrutural de cultura está interessada em levar em conta o contexto e os processos socialmente estruturados. A troca de informações e de outros conteúdos simbólicos entre indivíduos e instituições, situados nesses contextos específicos, sempre pressupõe a mobilização de meios específicos de transmissão; Thompson chama as condições e os aparatos que facilitam esse processo de "modalidades de transmissão cultural".[31]

São cinco os aspectos importantes das formas simbólicas, considerados por Thompson, e apresentados aqui somente para elucidar discussões subseqüentes: os aspectos intencional, convencional, estrutural, referencial e contextual. O primeiro fator que ele considera é o aspecto "intencional" das formas simbólicas. O que ele quer dizer é que *as formas simbólicas são expressões de um sujeito e para um sujeito (ou sujeitos)*. Isto é, as formas simbólicas são produzidas, construídas ou empregadas por um sujeito que, ao produzir ou empregar essas formas, está tentando alcançar certos objetivos e finalidades e também procurando expressar-se, isto é, o que ele ou ela "quer dizer" ou "pretende" com as formas assim produzidas.

A segunda característica das formas simbólicas é o aspecto "convencional". Significa que a produção, a construção e o emprego de formas simbólicas,

---

[30] Idem, ibidem, p. 5.

[31] Thompson, *Ideology*, op. cit., 1990, pp. 136, 146.

bem como sua interpretação por parte dos sujeitos que as recebem, são processos que envolvem tipicamente a aplicação de regras, códigos ou convenções de vários tipos (essas regras, códigos ou convenções vão de regras de gramática, de códigos que ligam certos signos, palavras até convenções que governam a ação e interação de indivíduos procurando expressar-se).[32]

A terceira característica das formas simbólicas é a construção que mostra uma estrutura articulada. A estrutura das formas simbólicas é uma configuração de elementos que podem ser discernidos em exemplos reais de expressão, em linguagem verbal real ou textos. Mas Thompson diz que as formas simbólicas não são apenas concatenações de elementos e de suas inter-relações; são também tipicamente representações de alguma coisa; apresentam e descrevem alguma coisa; dizem algo sobre alguma coisa.

A quarta característica das formas simbólicas é o aspecto "referencial": significa que as formas simbólicas são construções que tipicamente representam alguma coisa, referem-se a alguma coisa, dizem algo sobre alguma coisa. Mas essa não é a única forma pela qual figuras ou expressões se referem ou representam um objeto; é também a maneira pela qual as formas simbólicas dizem algo a respeito de um objeto, isto é, definem, projetam ou descrevem. Portanto, o quadro projeta um significado possível que Barthes tenta compreender e expressar por meio da interpretação; Barthes oferece uma interpretação, uma construção criativa sobre um significado possível.[33]

A quinta característica enfatizada por Thompson é o aspecto "contextual", com o que ele quer dizer que as formas simbólicas estão sempre inseridas em contextos e processos sócio-históricos específicos dentro dos quais e por meio dos quais elas são produzidas, transmitidas e recebidas. O que essas formas simbólicas são, como são construídas, como circulam e como são recebidas no mundo social, bem como o sentido e o valor que têm para os que as recebem, tudo isso depende, em certa medida, dos contextos e instituições que as geram, mediam e sustentam.[34]

O resumo que acabamos de fazer das formas simbólicas de Thompson é importante enquanto quadro de referência para analisar o surgimento e desenvolvimento da comunicação de massa. O início desse tipo de comunicação no final do século XV pode ser compreendido como uma série de instituições preocupadas com a valorização econômica das formas simbólicas e com sua maior circulação no tempo e no espaço. Com o rápido desenvolvimento dessas instituições e com a exploração de novos dispositivos técnicos, a produção e a

---

[32] Idem, ibidem, pp. 139-140.

[33] A abordagem de Barthes tem algumas limitações da análise das características estruturais e de elementos sistêmicos. Para dispor de uma discussão mais detalhada, ver Thompson, *Ideology,* pp. 143-144.

[34] Thompson, *Ideology,* cit., pp. 142-145.

circulação de formas simbólicas passaram a ser cada vez mais mediadas pelos mecanismos de comunicação de massa das instituições. Esse processo de mediação da cultura foi generalizado e irreversível.[35]

Aspectos da transmissão cultural

A transmissão cultural, nas palavras de Thompson, é "o processo pelo qual as formas simbólicas são transmitidas dos produtores aos receptores".[36] Nesse sentido, é importante considerar a natureza dos meios de comunicação para compreendermos melhor os seus usos. Existem três aspectos relevantes:

1. *Meio técnico de transmissão.* Ao produzir formas e transmiti-las a outros (*transmissão cultural*), em geral os indivíduos empregam um "meio técnico", que é o substrato material das formas simbólicas, isto é, os elementos materiais com os quais e através dos quais o conteúdo simbólico é fixado e transmitido do produtor ao receptor. Thompson observa que todos os processos de troca simbólica envolvem algum tipo de meio técnico. Até a troca de expressões na interação face a face pressupõe alguns elementos materiais (a laringe e as cordas vocais, ondas aéreas, orelhas e tímpanos etc.) em virtude dos quais sons significativos são produzidos e recebidos. Mas a natureza do meio técnico varia muito de um tipo de produção e troca simbólica a outro.

Na visão de Thompson, é possível distinguir três *atributos dos meios técnicos* relacionados entre si: *fixação, reprodução* e *participação*.

O primeiro, fixação da forma simbólica, é a capacidade que o meio técnico tem de armazenar informações ou conteúdo simbólico. Em outras palavras, permite que a forma simbólica seja fixada ou preservada em um meio que tem um grau variável de durabilidade e, por isso, pode ser usado como um recurso para diferentes finalidades; na sociedade, por exemplo, pode ser usado como diferentes formas de poder. O grau de fixação também depende do meio específico empregado (uma mensagem entalhada na pedra, por exemplo, vai durar mais que outra escrita em pergaminho ou papel).

O segundo atributo é que um meio técnico permite certo grau de *reprodução*, isto é, a capacidade que esse meio tem de permitir a produção de muitas cópias de uma forma simbólica. É bom lembrar que o desenvolvimento dos sistemas de escrita e meios técnicos como o pergaminho e o papel aumentaram bastante a reprodutibilidade das formas simbólicas. Mas, nesse sentido, o processo decisivo foi a invenção da prensa tipográfica, que permitiu a reprodução de mensagens em escala e velocidade nunca antes possíveis. Embora a capaci-

---

[35] Idem, ibidem, p. 162.

[36] Idem, ibidem, p. 164.

dade reprodutiva dos meios técnicos preste-se à exploração comercial, também tem implicações de longo alcance para a noção de uma obra "original" ou "autêntica".[37] Com o desenvolvimento das técnicas de impressão e fotografia, torna-se possível produzir muitas cópias ou réplicas de obras originais. Mas essas réplicas não são a mesma coisa que o original, exatamente por serem réplicas; portanto, têm valor muito menor no mercado de bens simbólicos.

O terceiro atributo, a *participação*,[38] é o que nos meios técnicos permite certo grau de *distanciamento espaço-tempo*, que Thompson também considera o terceiro aspecto da *transmissão cultural*. Todas as formas de comunicação envolvem certo grau de distanciamento espaço-tempo, certo grau de movimento pelo espaço e pelo tempo. Thompson afirma ainda que todo processo de troca simbólica envolve o distanciamento de uma forma simbólica de seu contexto de produção: ela se distancia de seu contexto, tanto espacial quanto temporalmente e reinsere-se em novos contextos, que podem estar situados em tempos e lugares diferentes. Ao alterar as condições espaciais e temporais da comunicação, o uso de meios técnicos também altera as condições espaciais e temporais nas quais os indivíduos exercem poder.[39] Os indivíduos têm condições de se comunicar com o outro lado das fronteiras do espaço e do tempo e, por isso, têm condições de agir e interagir a distância. O uso de meios técnicos possibilita aos indivíduos novas formas de organizar e controlar o espaço e o tempo.

Também é importante notar que o uso de um meio técnico em geral pressupõe um processo de codificação, isto é, envolve o uso de uma série de regras e procedimentos para codificar e descodificar informações ou conteúdos simbólicos. Assim, os indivíduos que empregam o meio devem ter domínio, ao menos em certa medida, das regras e procedimentos relevantes. Quando os indivíduos codificam e descodificam mensagens, empregam não só os talentos e competências requeridos pelo meio técnico, mas também várias formas de saber e premissas básicas do ambiente em que se formaram, que constituem parte dos recursos culturais que eles empregam no processo de troca simbólica. Essas formas de saber e as premissas básicas de sua formação moldam sua maneira de compreender as mensagens, sua maneira de se relacionar com elas e sua maneira de integrá-las à sua vida.[40]

---

[37] Walter Benjamin, em seu ensaio clássico intitulado "A obra de arte na Era de Reprodução Mecânica", em seu livro *Illuminations*, trad. Harry Zohn (London: Fontana, 1973), pp. 219-253, examina o impacto do aumento da reprodutibilidade sobre a situação da obra de arte tradicional.

[38] Thompson, *Ideology*, cit., p. 166.

[39] Com seu *Empire and communications* (Oxford, Oxford University Press, 1950), e *The bias of communication* (Toronto, University of Toronto, 1951), Harold Innis colocou-se entre os primeiros a chamar atenção para as formas pelas quais os meios técnicos de comunicação permitem aos indivíduos exercer poder além das fronteiras do espaço e do tempo.

[40] Thompson, *Ideology*, cit., pp. 164-166; e *A mídia*, cit., pp. 18-23.

2. *O aparato institucional de transmissão* é o segundo aspecto da transmissão cultural. Thompson define aparato institucional como "um determinado conjunto de arranjos institucionais dentro dos quais o meio técnico é empregado e nos quais os indivíduos envolvidos na codificação e descodificação das formas simbólicas estão inseridos".[41] O aparato institucional de transmissão de formas simbólicas sempre envolve o que Thompson chama de *canais de difusão seletiva*, isto é, o conjunto de arranjos institucionais por meio dos quais as formas simbólicas circulam pela sociedade de diversas maneiras. O aparato institucional também envolve *mecanismos de implementação restrita* das formas simbólicas. A difusão de informações é um processo que pode ser, ele próprio, controlado e regulamentado de várias maneiras. Os mecanismos de implementação restrita, diz Thompson, "assumem um papel importante e podem servir para limitar ou neutralizar a difusão de formas simbólicas".[42]

3. *O distanciamento espaço-tempo* envolvido na transmissão é o terceiro aspecto da transmissão cultural apontado por Thompson. Como já dissemos antes, o uso da comunicação de massa pode alterar as dimensões espaciais e temporais da vida social. O uso de um meio técnico permite aos indivíduos transcender as fronteiras espaciais e temporais características da interação face a face. Mas também lhes permite reordenar as características espaciais e temporais da organização social. O desenvolvimento da tecnologia das telecomunicações na segunda metade do século XIX foi particularmente significativo nesse sentido. Antes, a extensão das formas simbólicas no espaço exigia seu transporte físico; com o desenvolvimento das primeiras formas de telecomunicações (telégrafo, telefone) foi possível assistir ao que Thompson chama de *"separação de espaço e tempo* no sentido de que o distanciamento espacial não requeria mais distanciamento temporal".

A separação entre espaço e tempo preparou o terreno para outra transformação: "a descoberta da simultaneidade desespacializada". Nos períodos históricos anteriores, simultaneidade pressupunha localidade; "o mesmo tempo" pressupunha "o mesmo espaço". Com a separação entre espaço e tempo (produzida pelas telecomunicações), a experiência de simultaneidade despregou-se da condição espacial da localidade comum.[43]

---

[41] Idem, ibidem, p. 167.

[42] Idem, ibidem, p. 168.

[43] Thompson, *Ideology*, cit., pp. 168-171; e *A mídia*, cit., pp. 31-37. Para dispor de uma discussão mais aprofundada sobre a importância do espaço e do tempo para a teoria social, ver também Anthony Giddens, *Central problems in social theory: action, structure, and contradiction in social analysis* (Berkeley, University of Califórnia Press, 1979), pp. 198-199, 203; e *The constitution of society: outline of a theory of structuration* (Berkeley, University of Califórnia Press, 1984); e *The consequences of modernity* (Cambridge, Polity Press, 2000 – última edição), pp. 17-21.

Interação mediada

A definição de "transmissão cultural" de Thompson como "o processo pelo qual as formas simbólicas são transmitidas dos produtores aos receptores" parece-nos uma definição que implica uma reflexão sobre o significado das formas simbólicas somente segundo o ponto de vista das indústrias de mídia (pois se refere à comunicação de massa de mão única). Em seu livro mais recente, *The media and modernity* (2001), Thompson faz uma longa reflexão sobre a "interação mediada". A questão a ser levantada é *como* as formas simbólicas constroem o significado e, também, como os públicos constroem os significados.

Como observam alguns autores, "as teorias da mediação são as que privilegiam o próprio meio como o local crítico da construção do público. Nesse sentido, o público passa a ser uma variável dependente, uma conseqüência; é o produto, a criação da mídia". Essas teorias, explicam eles, conseguem construir o público como entidade passiva ou ativa e, à medida que tendem a considerar o público ativo, cruzam a fronteira entre as teorias da mediação e da recepção. A diferença entre elas, explica Silverstone, está em onde essas teorias colocam sua ênfase.[44]

As explanações do discurso de Thompson sobre significado e mediação são inspiradas, como diz Silverstone, na teoria da mediação. Thompson afirma que

> o significado de uma mensagem transmitida pelos meios de comunicação não é um fenômeno estático, permanentemente fixo e transparente para todos verem. Ao contrário: o significado ou sentido de uma mensagem deve ser considerado um fenômeno complexo e cambiante, continuamente *renovado* e, em certa medida, *transformado pelo próprio processo de recepção, interpretação e reinterpretação*.[45]

O significado que uma mensagem tem para um indivíduo vai depender, em certa medida, do quadro de referências que ele tem.

> Ao interpretar formas simbólicas, os indivíduos incorporam-nas à compreensão que têm de si mesmos e dos outros. Usam-nas como um veículo para a reflexão e a auto-reflexão, como base para pensar sobre si mesmos, sobre os outros e sobre o mundo ao qual pertencem.[46]

Thompson usa o termo "apropriação" para designar o processo de compreensão e autocompreensão; portanto, apropriar-se de uma mensagem é apoderar-se de seu conteúdo significativo e torná-lo seu. Em outras palavras, a apropriação das formas simbólicas é um processo que pode ir além do contexto inicial e da atividade de recepção. As mensagens dos meios de comunicação

---

[44] SILVERSTONE, Roger. *Television and everyday life*. London/New York, Routledge, 1994, p. 134.

[45] Thompson, *A mídia*, cit., pp. 41-42. Os itálicos são meus.

[46] Idem, ibidem, pp. 41-42.

podem ser discutidas pelos indivíduos e partilhadas com um círculo mais amplo de pessoas que podem ou não ter se envolvido com o processo inicial de recepção.[47] Esse processo pode ocorrer em um grande número de circunstâncias (em casa, ao telefone, no local de trabalho). Pode oferecer um quadro de referências narrativo no qual os indivíduos recontam seus pensamentos, sentimentos e experiências, entrelaçando aspectos de sua própria vida com o recontar das mensagens de mídia e de suas respostas às mensagens.[48]

O surgimento da mediação

O desenvolvimento dos novos meios de comunicação ("comunicação de massa") não estabelece apenas novas redes de transmissão de informações entre indivíduos; os meios de comunicação criam novas formas de ação e interação e novos tipos de relações sociais, formas que, segundo Thompson,[49] são bem diferentes do tipo de interação face a face que predominou durante a maior parte da história humana. Também provoca um reordenamento complexo dos modelos de interação humana no espaço e no tempo: a interação social é separada do local físico (os indivíduos interagem mesmo que não partilhem um ambiente espaciotemporal comum).

Nesse contexto, Thompson distingue três tipos de interação: 1. *interação face a face*; 2. *interação mediada*; e 3. *quase-interação mediada*.

A *interação face a face* envolve indivíduos que estão *co-presentes* e que, por isso, partilham um mesmo sistema de referência espacial e temporal. Os participantes têm uma série de pistas simbólicas à sua disposição e a comunicação orienta-se principalmente para outros específicos. Ambos podem ser receptores e produtores de informações e os encontros são de caráter dialógico. Nessa interação, os indivíduos podem empregar uma "multiplicidade de pistas simbólicas" para transmitir e interpretar mensagens — as palavras podem ser substituídas por piscadelas e gestos, sorrisos, mudanças de entonação e assim por diante.

A *interação mediada* envolve o uso de um meio mecânico (papel, fios elétricos, ondas eletromagnéticas etc.) que possibilita a transmissão do conteúdo simbólico a indivíduos que estão distantes no espaço ou no tempo. Os indivíduos não partilham o mesmo sistema de referências espacial e temporal.

Thompson chamou o terceiro tipo de interação de *quase-interação mediada*, que também se estende pelo espaço e pelo tempo e refere-se aos tipos de

---

[47] Ver Paul Ricoeur, *Hermeneutics and human sciences,* cap. 7. Apud Thompson, *A mídia,* cit., p. 42.

[48] Thompson, *A mídia,* cit., p. 12.

[49] Idem, ibidem, pp. 81-82.

relações sociais estabelecidas pelos meios de comunicação de massa. Mas há dois pontos-chave em que a *quase-interação mediada* difere tanto da interação face a face quanto da interação mediada. Como explica Thompson,

> os participantes de uma interação face a face e de uma interação mediada dirigem-se a outros específicos, para quem produzem ações, expressões verbais etc.; mas, no caso da interação mediada, as formas simbólicas são produzidas para um número indefinido de receptores potenciais. Em segundo lugar, enquanto a interação face a face e a interação mediada são dialógicas, a quase-interação mediada tem caráter monológico, no sentido de que o fluxo de comunicação é predominantemente de mão única.[50]

Não tem o grau de reciprocidade e especificidade interpessoal de outras formas de interação. Apesar disso, é uma forma de interação, pois cria certo tipo de comunicação social e troca simbólica. Por exemplo: embora alguns indivíduos envolvam-se basicamente com a produção de formas simbólicas para outros que não estão fisicamente presentes, outros envolvem-se com a recepção de formas simbólicas produzidas por indivíduos aos quais não têm como responder, mas com quem podem constituir laços de amizade, afeição ou lealdade.[51]

Como a *quase-interação mediada* refere-se aos tipos de relações sociais estabelecidos pelos meios de comunicação de massa, a televisão é um bom exemplo para analisar alguns aspectos desse modo de interação, porque é muito mais rica em termos simbólicos que qualquer outro meio técnico. Como todas as formas de interação e quase-interação mediadas, a televisão envolve uma separação entre os contextos de produção e recepção. É importante dizer que a quase-interação da televisão cria o que poderíamos chamar de *experiência descontínua de espaço-tempo*, porque os indivíduos que estão assistindo à televisão precisam, em certa medida, suspender as referências de espaço-tempo de sua vida cotidiana e orientar-se temporariamente de acordo com um conjunto diferente de coordenadas de espaço-tempo; tornam-se viajantes do espaço-tempo, envolvidos em negociar diferentes quadros de referência espaço-tempo e em relacionar sua experiência mediada de outros tempos e lugares aos contextos de sua vida cotidiana.[52]

Thompson observa que a concretização bem-sucedida da quase-interação televisiva depende da extensão com que os receptores conseguem negociar efetivamente as diferentes referências de espaço-tempo que estão em jogo. Portanto, assistir à televisão pressupõe um tipo de espaço-tempo e que os telespectadores estejam contínua e rotineiramente empenhados em negociar as fronteiras entre eles.

---

[50] Idem, ibidem, p. 84.

[51] Idem, ibidem, pp. 84-85.

[52] Idem, ibidem, p. 91.

O desenvolvimento dos meios de comunicação gerou novos tipos de "ação a distância". Com o desenvolvimento das inovações tecnológicas, o *agir a distância* ampliou seu alcance, mas Thompson restringiu sua análise à televisão. No "agir a distância" ele distingue entre *endereço do destinatário* (que pode ser direto ou indireto), *atividade cotidiana mediada* (ação que é parte do fluxo atual da conduta da vida cotidiana, ou é apresentada como tal), *eventos de mídia* (aquelas grandes ocasiões excepcionais, planejadas de antemão) e *ações ficcionalizadas* (construção de história criada e encenada por indivíduos que sabem que estão representando).

Na quase-interação mediada, Thompson distingue outra "ação a distância", isto é, uma *ação responsiva* que ocorre em contextos muito distantes dos contextos da produção. Thompson explica que, como os destinatários em geral não respondem diretamente aos produtores, suas formas de ação responsiva não fazem parte da quase-interação propriamente dita. Ao responder às ações ou expressões verbais dos produtores, eles em geral o fazem como contribuição a *outras* interações das quais fazem parte, como a interação entre destinatários que se reuniram diante da televisão. Dessa forma, as mensagens da mídia adquirem o que Thompson chama de *elaboração discursiva*: a mensagem recebida torna-se tema de discussões com um outro ou com outros. Também é comum as mensagens da mídia serem adotadas pelas empresas de mídia e incorporadas a novas mensagens midiáticas, isto é, como uma *mediação amplificada*.

"Apropriação" da mensagem significa "tornar seu" algo que é alienígena ou estranho. Ao fazer isso, os indivíduos baseiam-se no seu saber passado, em seus talentos e disposições e nos recursos de que podem lançar mão. Portanto, a recepção e a apropriação das mensagens da mídia são formas de agir em resposta a outros que estão distantes espacial e temporalmente; e envolve indivíduos em uma série de atividades (assistir, ouvir, ler, discutir etc.) estimuladas por ações de outros, situados em locais distantes. Há também o que Thompson chama de *ação responsiva orquestrada*, que requer certo grau de organização e coordenação nos contextos da recepção. Torna-se uma ação coletiva.[53]

Recepção: a "interpretação" que o público faz da mídia

Nos primeiros dias das pesquisas sobre os meios de comunicação de massa, havia uma tendência entre os intelectuais a tratar as mensagens de mídia como

---

[53] A abordagem da interação mediada que utilizei até agora foi inspirada em Thompson, *A mídia*, cit., capítulo 3.

uma espécie de "carga", fabricada com uma finalidade específica, posta em um navio, trem ou caminhão — o meio de comunicação — e depois descarregada na porta do público, que a usaria para a tal finalidade específica. Mais tarde — e ainda vemos um pouco dessa tendência hoje em dia — os meios de comunicação foram tratados muitas vezes como "todo-poderosos", determinando as formas pelas quais os públicos pensam e agem — como robôs respondendo a impulsos eletrônicos de seus controladores.

Essas tendências (só tendências, não uma descrição apropriada da pesquisa do saber) desapareceram em sua maior parte enquanto teorias de pesquisa, e os métodos tornaram-se mais sofisticados. Parte dessa sofisticação envolveu prestar mais atenção à atividade do público em sua recepção das mensagens. O estudo das formas pelas quais o público interpreta suas experiências de mídia tornou-se uma das áreas mais importantes da pesquisa da comunicação (Robert White descreve o desenvolvimento da "análise da recepção" ou estudo da "interpretação do público" e das principais abordagens da pesquisa sobre esse campo).

Durante a década de 1970, o estudo dos públicos da mídia passou de uma ênfase nos efeitos da mídia para o foco na maneira pela qual os públicos selecionam os programas de mídia segundo seus "usos e gratificações". Em meados da década de 1980, surgiu mais um movimento voltado para a análise da maneira pela qual os públicos constroem ativamente o significado da mídia. Alguns estudos mostraram, por exemplo, que o público de *Dallas* em Israel e o público do mesmo episódio do seriado nos EUA fizeram interpretações muito diferentes. Os públicos ingleses do popular seriado da BBC intitulado *East enders* variam, enormemente, em suas percepções e interpretações do mesmo episódio. Essa passagem da perspectiva de uma "mídia todo-poderosa" para a de um "público ativo" provocou um dos debates mais acalorados da história dos estudos de mídia. O termo "teoria da recepção" tem sido usado por muitos para caracterizar a nova abordagem ao estudo da audiência.[54]

Quatro abordagens à teoria da "recepção/interpretação" da audiência

Nos últimos anos, a "teoria da recepção ou interpretação do público" teve um grande desenvolvimento na tradição dos estudos culturais da pesquisa

---

[54] A literatura sobre esse tema é muito rica. Em relação a essa parte de meu trabalho, escolhi a síntese (análise) feita por Robert White sobre várias abordagens à "teoria da 'recepção/interpretação' do público" por considerá-la uma visão menos etnocêntrica da questão. *Communication research trends,* Saint Louis Univeristy, 1994, v. 14, n. 3. Para alguns autores, a teoria da "interpretação do público" pode ser um termo mais acurado porque gira mais em torno da interpretação que o público faz do sentido dos textos de mídia que dos efeitos da mídia enquanto estímulos.

de mídia e reflete os debates e diversas escolas de pensamento dessa tradição.[55] Comum a todas as diferentes abordagens, entretanto, temos a premissa de que o uso e os efeitos da mídia devem ser estudados em termos das construções subjetivas do *significado* atribuído à mídia ou dos significados gerados em resposta a ela. A metodologia de pesquisa típica, trabalhando no sentido das teorias interpretativas da recepção, é uma forma de "etnografia do público" que exige do pesquisador a reconstrução do significado da mídia segundo a perspectiva do sujeito.

É importante notar que os movimentos em direção à teoria da recepção do público resultam da impossibilidade de verificar empiricamente os efeitos da mídia sobre a "fonte prevista" e a "fonte-alvo", quer essas previsões tenham como premissa o poder da persuasão psicológica ou a coerção ideológica. Quando os públicos são testados para se saber o efeito de uma determinada mensagem, alguns dos efeitos esperados sempre aparecem nas respostas dos questionários; mas quando as pessoas que respondem as pesquisas têm liberdade, apresentam grande variedade de interpretações bem imprevisíveis, se tivermos como base a teoria psicológica ou a teoria dos sistemas sociais.

Em segundo lugar, a teoria da recepção é um produto dos valores sociopolíticos de teóricos que acreditam na idéia de que os públicos devem *participar ativamente na construção da cultura* e que uma prioridade da pesquisa é oferecer uma compreensão da atividade do público como base de uma política de democratização da mídia. Em terceiro lugar, as políticas de desenvolvimento nacional, cuja premissa foi o uso da mídia sob controle central para "reeducar" o povo e integrar os cidadãos em um sistema nacional único, foram, muitas vezes, um fracasso notório, por mais idealista que tenha sido a concepção de sociedade. Finalmente, os interessados em mídia têm sido mais estéticos e abertos ao prazer e à dimensão lúdica da cultura popular.

A partir desses pontos comuns bem amplos no desenvolvimento da teoria da recepção, é possível destacar ao menos quatro abordagens importantes e diferentes entre si, com suas origens em distintas tradições disciplinares ou contextos sociopolíticos e culturais. São as seguintes:

1. a tradição de estudos culturais críticos do tronco anglo-americano com uma orientação neomarxista e empréstimos consideráveis da análise

---

[55] Segundo Kellern, o vocabulário dos estudos culturais foi contestado, sem que se tenha chegado a um acordo sobre os termos básicos usados para descrever o campo. Nos últimos anos, novas escolas de estudos culturais surgiram na Austrália, no Canadá, nos Estados Unidos e em outros lugares, utilizando métodos, conceitos, estratégias e abordagens diferentes. Existe, portanto, uma pluralidade de estudos culturais e uma série de debates sobre seus métodos, focos, políticas etc. Portanto, os conceitos-chave são instáveis, sendo constantemente questionados e revisados. Douglas Kellern, *Media culture, cultural studies, identity and politics between the modern and the postmodern*. London/New York, Routledege, 1995, p. 34.

estruturalista. Teóricos culturais franceses como Bourdieu (1977, 1979), Foucault (1979), De Certeau (1984) e Baudrillard (1983, 1988) estão entre as influências de peso;
2. a tradição interacionista simbólica dos Estados Unidos, muito próxima das abordagens funcionalistas;
3. a tradição de estudos sociais consensuais, com raízes poderosas na antropologia cultural cognitiva de pessoas tão diferentes quanto Clifford Geertz, Claude Lévi-Strauss e Victor Turner;
4. uma abordagem nascida de interesses pela cultura popular, pelos movimentos populares, pela mídia popular, pela democratização da comunicação e pela pesquisa da mídia e do desenvolvimento das culturas nacionais. Esta última tradição não só passou de um foco na atividade da mídia como principal fonte de construção do sentido dos públicos, como também deixou para trás o texto de mídia e a leitura de textos para se concentrar na construção do significado por comunidades interpretativas e na maneira pela qual essas comunidades usam alguns elementos do significado criado pela mídia para construir sua cultura. Em outras palavras, a pesquisa começa com uma análise da definição da situação do significado construído por determinados grupos. Depois, concentra-se nas áreas e processos de negociação entre a lógica da produção e da hegemonia e a lógica do consumo e da construção da identidade na vida cotidiana. Esse espaço de construção negociada de significado foi chamado de "área de mediações" por Jesús Martín Barbero, um estudioso da mídia latino-americana.

1. A abordagem dos estudos culturais críticos da tradição anglo-americana

A tradição de estudos culturais ingleses é um bom ponto de partida porque praticamente todas as variedades da teoria da recepção reconhecem sua dívida intelectual com pessoas como Raymond Williams, E. P. Thompson e Richard Hoggart.

Williams foi o primeiro a falar da mídia não em termos de transporte de informações, mas como um texto que revela os significados culturais que estamos criando em qualquer período histórico dado (1958, 1961, 1966, 1974). Isso faz com que as principais questões levantadas sobre mídia passem de um "impacto" comportamentalista "objetivo" e exterior, definido por intenções persuasivas ou pela teoria dos sistemas de personalidade, para uma interpretação subjetiva do significado. Também está implícita a perspectiva de que o significado da mídia não é criado por uma "fonte de mensagens" invisível e impessoal, e sim por pessoas envolvidas no debate público sobre as direções históricas de uma cultura. Williams veio do campo da dramaturgia e da crítica literária, trazendo consigo uma série de metodologias analíticas da teoria da recepção. Entre elas havia uma interpretação hermenêutica do texto que procurava entender o significado de um "texto" em termos do contexto sociocultural e histórico tanto do "leitor" quanto do "escritor"; da capacidade dos "leitores" de reelaborar o significado de um texto quanto ao seu próprio contexto peculiar; e uma preocupação constante com a problemática da resistência popular à ideologia e às forças hegemônicas.

E. P. Thompson (1963) e Richard Hoggart (1958) também foram importantes, pois seus estudos sobre a cultura da classe operária mostraram-na "a partir de dentro", da forma como ela aparecia diante da própria classe operária e, por isso, a apresentava não apenas como um grupo explorado passivamente, mas como pessoas que criavam sua própria tradição paralela apesar da modernização, dos meios de comunicação de massa e da incorporação à cultura de massa. Thompson e Hoggart examinaram a forma pela qual as classes trabalhadoras reelaboravam textos escritos ou outras formas de textos mediados para expressar seu próprio contexto e aspirações culturais. Também levantaram o problema de como os textos e significados produzidos pela classe operária podiam ser cooptados depois e transformados pelos meios de comunicação de massa em mecanismos capitalistas de comercialização em massa.

Esses três autores definiram inicialmente a questão-chave para a teoria crítica da interpretação da mídia: como as classes subalternas podem contestar, subverter, transformar e liberar-se de alguma outra forma da leitura dominante preferida codificada nas mensagens dos meios de comunicação de massa?

Hoggart foi o primeiro diretor da instituição que viria a se tornar uma das maiores propagadoras de questões e metodologias da teoria crítica da interpretação, o Center for Contemporary Cultural Studies, o CCCS,[56] em Birmingham. Mas foi com Stuart Hall (diretor do CCCS entre 1968 e 1979) que nasceram os estudos da teoria da recepção na pesquisa dos meios de comunicação de massa, com *Encoding and decoding in the television discourse* [Codificação e descodificação no discurso da televisão]. Apesar de outras raízes e influências, o artigo sobre codificação/descodificação lançou os alicerces e articulou os problemas a serem discutidos pelo "paradigma da recepção" daquilo que passou a ser conhecido como "estudos de mídia". Os estudos de mídia eram vistos como um ramo do movimento intelectual mais amplo chamado de "estudos culturais".[57]

---

[56] TURNER, Graeme. *British cultural studies: an introduction*. London, Routledege, 1990.

[57] ALASUUTARI, Pertti (org.). *Rethinking the media audience*. London, Sage Publications, 1999, p. 2.

O CCCS e Stuart Hall tomaram conceitos teóricos emprestados da lingüística, da semiótica e do estruturalismo para explicar como as práticas de significação da linguagem e a formação da visão de mundo poderiam se transformar em uma arena da luta de classes. Embora com algumas limitações, Hall, como outros modelos mais antigos, abordou a comunicação de massa como um processo de "mensagens" enviadas e "depois recebidas com certos efeitos". O importante é que o "paradigma da recepção" que Hall promoveu envolvia a passagem de uma abordagem técnica a uma abordagem semiótica das mensagens. A mensagem não era mais considerada um tipo de pacote ou uma bola que o emissor joga para o destinatário.[58]

Portanto, a idéia de que uma mensagem é codificada por um produtor de programa e depois descodificada pelos destinatários significa que as mensagens não são necessariamente idênticas para públicos diferentes.

> Hall não descarta inteiramente a premissa de que uma mensagem pode ter um efeito, mas o quadro de referências semiótico que ele introduziu significa que a pessoa se afasta do modelo comportamentalista de estímulo-resposta e toma a direção de um quadro de referências interpretativo, em que todos os efeitos dependem de uma interpretação das mensagens da mídia.[59]

No modelo de codificação/descodificação, Hall estimulou uma série de estudos empíricos sobre a recepção televisiva por públicos diferentes, e o primeiro foi feito por David Morley e intitulado *The nationwide audience* (1980). Nessa obra, Morley confirma e desenvolve mais ou menos a idéia de Hall sobre codificação/descodificação.[60]

Em meados da década de 1970, a tradição de estudos culturais tinha criado um corpo vigoroso e bem coerente de explanações teóricas sobre o papel dos meios de comunicação de massa no desenvolvimento de ideologias e subculturas dissidentes, mas a explanação das supostas atividades interpretativas do público ainda estava incipiente.

David Morley foi uma figura central na criação da teoria do público sob a perspectiva cultural crítica. Liberando os públicos da imposição do texto, Morley foi um dos primeiros a questionar as explanações psicanalíticas de definições ideológicas da resposta do público propostas por teóricos franceses como Lacan e Althusser e adotadas pela escola da teoria do filme, que girava em torno da revista inglesa *Screen*.

---

[58] Idem, ibidem, p. 3.

[59] Idem, ibidem, p. 3.

[60] Idem, ibidem, p. 4. O estudo seminal de Morley logo foi seguido de outros estudos sobre a recepção (Ang, 1985; Hobson, 1982; Katz e Liebes, 1984; Liebes, 1984; Liebes e Katz, 1990), citados em Alasuutari, 1990, p. 4.

O que passou a ser conhecido como recepção qualitativa do público foi a análise de um programa e o estudo de sua recepção entre um público específico por meio de entrevistas "em profundidade" com seus espectadores. Com o desenvolvimento desse tipo de estudo empírico da recepção, surgiu um novo paradigma da etnografia do público.

Morley lembra que, no início da década de 1970, Hall e o CCCS fizeram uma ruptura radical com a explanação dos "usos e gratificações" da atividade do público. Segundo Morley, a teoria dos usos e gratificações vê o público como uma massa atomizada, uma visão muito parecida com as teorias mais antigas de estímulo-resposta. Também pressupõe uma interpretação individual e privatizada da mídia. Morley diz que precisamos ver as interpretações da mídia como parte de um processo social e de movimentos culturais que ligam os indivíduos a uma esfera cultural mais ampla. Gradativamente, a obra de Morley mostrou que a análise precisa tomar como ponto de partida não apenas as construções sociológicas hipotéticas do processo de descodificação realizado pelo público, mas também como observação da prática do uso da mídia em seu contexto.[61]

É importante lembrar que a perspectiva cultural da "construção ativa do significado por parte do público" e a metodologia da "etnografia do público" do final da década de 1980 começavam a ser uma das principais correntes da pesquisa do público. Em 1987, com os resultados de muitos estudos, John Fiske reuniu uma série de teses sobre o "público ativo" em seu livro *Television culture*.[62] Fiske afirma que o texto é construído de forma a convidar o público a entrar na "redação do roteiro", brincando com as tramas e reestruturando-as nas discussões realizadas durante e depois de programas populares (o público tem de se sentir parte do programa para promovê-lo junto aos amigos e vizinhos). Fiske invoca a posição do semiótico Roland Barthes, segundo a qual um texto só tem "significado" quando é "lido" e o público lhe dá um sentido. O livro de Fiske foi atacado como o epítome dos excessos na concessão de uma liberdade quase ilimitada ao público para construir o significado da programação televisiva a seu bel-prazer.

Morley resume bem a maioria das teses muitas vezes caricaturadas da pesquisa do "público ativo" que transforma o público de "consumidores passivos e manipulados" em protagonistas da "guerrilha da sala de visitas contra as 'ideologias' dominantes", mas procura um equilíbrio entre os extremos.[63] Em 1992, Morley (reunindo o texto, o leitor e o contexto) observa que os vários elementos do processo da mídia devem ser considerados um sistema de fatores

---

[61] MORLEY, David. *Television, audiences and cultural studies*. London, Routledge, 1992.

[62] FISKE, John. *Television culture*, London, Routledge, 1987.

[63] Citado em White, R. *Communication research trends,* Saint Louis University, 1994. v. 11, n. 3.

interelacionados e interativos. Mostrar a polissemia do texto é bem justificável, mas isso não deve distanciar-se dos procedimentos da produção cultural e da atividade sociopolítica de que faz parte. E pensar que as "intenções" da atividade sociopolítica podem ser separadas da estrutura da linguagem ou da negociação com os públicos, como se essas intenções fossem onipotentes, é igualmente falacioso.

Morley argumenta bem ao dizer que só podemos compreender tanto a hegemonia quanto a liberdade no processo de mídia se reunirmos a atividade política, as forças comerciais marcadas, os textos e as tradições culturais de que fazem parte, as tecnologias, os públicos e seus prazeres, o nível micro do lar e o nível macro do sistema social. Nesse sentido, Morley indica "janelas" importantes para o processo de "negociação" que constitui a hegemonia dos meios de comunicação de massa: estudo de gêneros, do contexto doméstico do uso da mídia e a forma pela qual as novas tecnologias da mídia são introduzidas nos ritmos da vida cotidiana.[64]

2. A abordagem simbólico-interacionista

A abordagem da análise da interpretação do público baseia-se na premissa de que produtores e usuários dos meios de comunicação de massa estão interagindo na produção de significado de forma análoga àquela em que o significado é criado na interação interpessoal. Essa é uma abordagem essencialmente psicológica que remonta às teorias de George Herbert Mead a respeito do desenvolvimento do conceito do "eu" e a sociólogos da "escola de Chicago" das décadas de 1930 e 1940 — Robert Park, Herbert Blumer e outros.[65] A tradição simbólico-interacionista baseou-se principalmente nas teorias da psicologia social e entrou no mundo da teoria da comunicação dos últimos anos em grande parte através da obra de Erving Goffman (1959), Howard Becker e Michael McCall (1990), David Altheide e Robert Snow (1979).[66]

Os fundamentos dessa teoria da audiência são que tanto os produtores quanto os usuários "negociam" uns com os outros para obter respostas que coincidam com as intenções dos respectivos sujeitos. Essa abordagem não é um modelo psicológico determinista, e sim

> visões simbólicas do indivíduo enquanto criatura de ação voluntária, que, no processo de agir, cria significado em consonância com outros por meio de um sistema simbólico a que

---

[64] Morley, op. cit. Para uma discussão mais aprofundada dessa questão, ver também Thompson, J. B. "Communication, appropriation and everyday life". In: *The media and modernity*, 2001.

[65] Citado em White, *Communication research trends*, Saint Louis University, 1994. v. 14, n. 3.

[66] Idem, ibidem.

chamamos linguagem. As pessoas agem para criar, manter e defender seu senso de identidade, pois o "eu" é, fundamentalmente, o significado ou conjunto de significados mais importante que uma pessoa tem [...]. [Assim,] criar e manter a identidade é o nexo de todas as relações sociais, quer elas ocorram por meio de relações patentemente interpessoais ou por meio de um meio de comunicação de massa.[67]

Unindo estudos culturais e psicologia social na análise da interpretação do público, a psicóloga social Sonia Livingstone aplicou as teorias psicológicas sobre a forma pela qual as pessoas organizam suas percepções da realidade social para explicar como os espectadores de televisão constroem interpretações dos personagens do drama de ficção televisivo. Mas, em vez de considerar o campo perceptivo como algo constituído de "estímulos comportamentais", ela começa com questões levantadas tipicamente pelos estudos culturais, quais sejam, *como* os espectadores "interpretam" ou "descodificam" os "textos". O significado, e não os estímulos, torna-se o fato central a ser explicado: isto é, o significado organizado em "textos codificados" e o significado construído no processo de "descodificação" dos espectadores.

Embora essa pesquisa tome a tradição dos estudos culturais críticos da Inglaterra como ponto de referência, a abordagem está mais próxima da tradição simbólico-interacionista, porque se preocupa com a construção social da realidade pelas pessoas e explica a ação não em termos de resposta comportamental a estímulos, e, sim, em termos de respostas a "significados". Para compreender os moldes da ação humana, precisamos entender os moldes do significado, das crenças e da motivação, isto é, a construção social da realidade. Livingstone está ligada à tradição crítica dos estudos culturais, mas os processos de construção do significado (não de poder social e alienação) são seu maior interesse.[68]

Desde o final da década de 1980, alguns grupos de pesquisadores da comunicação na Inglaterra têm estudado como as novas tecnologias da informação estão sendo incorporadas ao ritmo da vida no lar. A pesquisa concentrou-se principalmente nos computadores, aparelhos de vídeo, *videogames*, sistemas interativos de recuperação de informações, tipos de edição dos computadores domésticos e tecnologias ligadas ao telefone com a família/lar como contexto da interpretação da mídia. O Center for Research into Innovation Culture and Technology [Centro de Pesquisas em Cultura da Inovação e Tecnologia], da Universidade de Brunel, localizado próximo a Londres e na época sob a direção de Roger Silverstone, foi a fonte de grande parte da pesquisa publicada

---

[67] SNOW, Robert P. *Creating media culture*. Newbury Park, CA, Sage Publications, 1983.

[68] LIVINGSTONE, Sonia M. *Making sense of television: the Psychology of audience interpretation*. Oxford, Pergamon Press, 1990.

em *Consuming technologies: media and information in domestic spaces* [Tecnologias de consumo: mídia e informação em espaços domésticos].[69]

A pesquisa rejeitou, em grande parte, a abordagem do "impacto das tecnologias", que as vê como fator determinante da cultura contemporânea. O conceito-guia do quadro interpretativo da pesquisa é, ao contrário, que as novas tecnologias saem da esfera pública e cruzam a porta do lar; o significado original imposto aos aparelhos domésticos pelos agentes de produção e *marketing* é *redefinido* de acordo com os valores e interesses dos diferentes tipos de família. A metodologia típica é a descrição etnográfica da forma como as famílias negociam e transformam o significado das tecnologias, como computadores domésticos, segundo as demandas da "cultura familiar". Os autores referem-se a essa cultura familiar como uma "economia moral", porque ela envolve transações entre a economia pública de produção e troca de mercadorias e os valores morais que surgem quando um grupo de pessoas cria um lar (quer constitua ou não uma família biológica).

Como já dissemos, a primeira geração da pesquisa (pesquisa da recepção) remonta a Stuart Hall, 1974; a segunda geração (etnografia do público) surgiu na década de 1980; agora Pertti Alasuutari fala da terceira geração que

> apresenta um quadro de referências mais amplo, dentro do qual se concebe a mídia e o uso da mídia [...]. A terceira geração retoma o interesse por programas e programação, mas não por textos estudados isoladamente de seu uso como elementos da vida cotidiana [...] acrescenta uma camada negligenciada de reflexão à pesquisa sobre a "recepção" de mensagens de mídia.[70]

Os aspectos gerais da nova agenda consistem em uma reflexão maior, uma passagem da psicologia do público para a sociologia e um processo no sentido de tratar de toda a "cultura da mídia" em vez de discutir apenas a comunicação de massa.

3. A tradição dos estudos culturais consensuais

James Carey,[71] Horace Newcomb (1983), Michael Real (1989), Joli Jensen (1990) e David Thorbun (1987) reconhecem a grande influência da tradição dos estudos críticos, que remonta a Raymond Williams e Stuart Hall, mas criaram uma abordagem muito diferente à mídia e à cultura, muito mais dire-

---

[69] SILVERSTONE, Roger & HIRSH, Erick (orgs.). *Consuming technologies: media and information in domestic spaces*. London, Routledge, 1992.

[70] Alasuutari, op. cit., pp. 6, 9.

[71] CAREY, James W. "Mass communication and cultural studies: an American view". In: CURRAN, J.; GUREVITH, M.; WOLLACOTT (orgs.). *Mass communication and society*. London, Edward Arnold, 1977 (primeira edição); e *Communication as culture*, Boston, Unwin & Hyman, 1989.

tamente enraizada na antropologia cultural, principalmente na análise da estrutura cognitiva das culturas. Robert White resolveu chamá-la de *tradição consensual* por se interessar pela integração de sistemas coerentes de significado tanto em nível macrocultural quanto em nível da personalidade.

Originalmente, Carey propôs o modelo de comunhão ritual como alternativa ao modelo de "transporte" que até então (1977) dominava os estudos de mídia, principalmente nos Estados Unidos. Carey dizia que a tradição positivista norte-americana tendera a impor suas construções analíticas da realidade ao público e à sociedade. A abordagem da engenharia pressupunha que os significados da mídia eram criados pelos autores dos roteiros e pelos produtores e financiadores da mídia. Carey acreditava que a mídia fazia parte do esforço coletivo de todas as pessoas da sociedade para dar sentido à sua situação e criar uma espécie de interpretação aceitável dos significados. Para enfatizar os aspectos coletivos, dialógicos e celebradores desse processo de construção do significado, Carey usou a metáfora do ritual e da comunhão. A metáfora também enfatiza que todos temos o direito de participar dessa ação comunitária fundamental, bem como a responsabilidade de fazer a mídia responder às necessidades da comunidade.

Em um artigo de 1978, Newcomb questionou muito mais explicitamente a metodologia do modelo de transporte linear em um artigo que analisava a metodologia de Gerbner para estudar os aspectos perniciosos da violência na mídia e na cultura norte-americanas. Enfatizou que, para tirar conclusões acuradas sobre as implicações — boas e ruins — da mídia, o estudo das interpretações do público não pode ser feito sem levar em conta o esforço histórico coletivo mais amplo de construir uma cultura.

Os estudos culturais consensuais tendem a ver os meios de comunicação de massa como um *fórum*, um espaço público no qual os significados culturais, que têm uma longa história em uma determinada cultura, são apresentados para serem reexaminados e debatidos por diferentes setores culturais.

Em seu livro *The message of television: myth and narrative in contemporary culture*,[72] Roger Silverstone aplicou o conceito de mito de Claude Lévy-Strauss para explicar, em nível cultural mais profundo, o atrativo persistente da televisão e a maneira pela qual os públicos lhe dão sentido. Segundo Lévy-Strauss, o papel dos mitos é resolver contradições de significado em uma cultura, da mesma forma que um alfaiate remenda um rasgão em uma peça de roupa. O mito representa contradições persistentes de significado por meio da forma simbólica de animais antagonistas ou de lutas entre personalidades lendárias. No processo da narrativa mítica, os símbolos opostos são transformados e reconciliados.

---

[72] SILVERSTONE, Roger. *The message of television: myth and narrative in contemporary culture*. London, Heinemann Educational Books, 1981.

Silverstone apresentou exemplos do mesmo processo no drama de ficção televisivo, nos documentários científicos e nos noticiários. A televisão funciona como o mito no sentido de pegar as novas informações esotéricas extremamente especializadas, o irracional e o misterioso e entrelaçá-los nos quadros de referência do senso comum da vida cotidiana, que tornam essa informação compreensível ao grande público. Como já disse antes, Sonia Livingstone, em seu estudo sobre a maneira pela qual os públicos dão sentido ao drama de ficção, descobriu que as características mais ressaltadas dos personagens televisivos são sua bondade e maldade moral, e também o modo como as narrativas desenvolvem os personagens para resolver contradições morais. "A importância da moralidade sugere igualmente a receptividade dos espectadores às funções míticas da novela enquanto um fórum do debate cultural."[73]

Considerando também a televisão como uma experiência da *comunidade liminar*, Newcomb[74] analisa a concepção de Victor Turner sobre o ritual, o teatro e, de certa forma, a televisão que, enquanto experiência da comunidade ideal, foi usada muitas vezes para explicar a experiência que o público tem da mídia. Turner sugere que o ritual é, essencialmente, uma forma simbólica de deixar para trás o mundo cotidiano e pragmático da *societas* — um mundo onde a hierarquia, a concentração de poder e a desigualdade são consideradas inevitáveis — para entrar em um mundo de uma *communitas* ideal — caracterizada pela igualdade simbólica, pelo partilhar e pelo servir altruísta. Turner chamou essa experiência de estar simbolicamente entre um mundo pragmático e um mundo utópico de experiência "liminar" ou fronteiriça. Segundo Turner, as experiências liminares[75] têm uma importância crucial para as culturas no sentido de equilibrar e integrar as dimensões pragmática e utópica presentes em todas as culturas.

Em geral, a tradição consensual dos estudos culturais situa a análise da mídia dentro de processos mais amplos de mudança cultural. Stewart Hoover introduziu uma metodologia valiosa para a estudada interpretação do público analisando a construção que este faz do significado da mídia no contexto das histórias de vida. Em seu estudo das histórias de vida, que ele analisa como parte de um processo cultural muito mais amplo de um determinado movimento de revitalização religiosa (o movimento neo-evangélico de Pat Robertson), Hoover mostrou que o atrativo de uma "igreja eletrônica" menos institucionalizada, como a de Pat Robertson, faz parte de uma grande mudança cultural

---

[73] LIVINGSTONE, Sonia M. *Making sense of television: the Psychology of audience interpretation*, 1990, pp. 140-141.

[74] NEWCOMB, Horace & ALLEY, Robert S. *The producer's medium: conversations with creators of American TV*. New York, Oxford University Press, 1983.

[75] Citado em White, op. cit.

dos Estados Unidos e do mundo. A importância de uma personalidade da mídia como Pat Robertson não se deve à transferência de informações para um público voltado para a mudança de comportamento do tipo conversão, e sim ao fato de que ele é um símbolo do tipo profeta de uma nova síntese cultural com a qual as pessoas podem se identificar. Por exemplo: Robertson diz que é possível ser tanto um fundamentalista (religioso, político e cultural) quanto parte da corrente dominante da sociedade.[76]

4. A construção de significado por parte do público enquanto resultado de "mediações" entre a lógica da produção e do consumo

Há um consenso cada vez maior de que não é possível explicar a interpretação que o público faz da mídia em termos do poder das indústrias de cultura ou, primordialmente, em termos da atividade do público, ou de qualquer outro fator isolado. A construção do significado por parte da audiência é, ao contrário, o resultado do confronto e da negociação de muitos sujeitos diferentes que representam a lógica das indústrias da cultura, a lógica da vida cotidiana, a lógica dos movimentos sociais e muitas outras lógicas.

Jesús Martín-Barbero, intelectual latino-americano, diz que não é possível explicar o papel da mídia na construção das culturas locais em termos das informações transmitidas e dos efeitos sobre o comportamento. Por esse motivo, ele afirma que os estudos de mídia devem se concentrar nos pontos ou "lugares" em que seja possível observar e compreender as interações entre a lógica da produção e a lógica da recepção. Chama esses processos de interação, luta, resistência e transformação das "mediações", porque esses "procedimentos" conciliam e incentivam a negociação entre muitas lógicas culturais diferentes. As mediações constituem uma espécie de "zona livre" em que qualquer tipo de construção de significado tem probabilidade de acontecer, em que nenhuma lógica cultural domina o espaço de negociação e em que todas as lógicas podem contribuir para o significado.

Nos últimos anos, um movimento latino-americano, dissolvendo pseudoquestões teóricas e cortando inércias ideológicas, criou uma nova forma de pensar a constituição da sociedade de massa, que parte da perspectiva das transformações nas culturas populares. Na América Latina, a comunicação foi profundamente influenciada pela transnacionalização externa, mas também pelo surgimento de novos sujeitos sociais e de novas identidades culturais. Assim, a

---

[76] HOOVER, Stewart. *Mass media religion: the social sources of the electronic church*. Newbury Park, Sage Publications, 1988.

comunicação tornou-se uma arena estratégica para a análise dos obstáculos e contradições que movem essas sociedades, agora na encruzilhada entre o subdesenvolvimento acelerado e a modernização compulsiva. Como a comunicação é o ponto de convergência de tantas forças novas conflitantes e integradoras, o centro do debate passou da mídia à mediação. Aqui, *mediações* referem-se particularmente à articulação entre as práticas da comunicação e os movimentos sociais e à articulação de diferentes ritmos de desenvolvimento com a pluralidade de matrizes culturais.[77]

A importância da comunicação está em sua capacidade de produzir significados e não apenas de facilitar a circulação de informações. Assim, o destinatário do processo de comunicação não é apenas um cenário para aquilo que o emissor pôs na mensagem: também é um produtor de significado. Conceber a comunicação segundo a perspectiva de seu papel na formação das culturas significa que as pessoas deixam de pensar a comunicação apenas em termos de disciplinas particulares e como uma função da mídia. Marca o fim da segurança que surgia com a redução dos problemas de comunicação a problemas de tecnologia. Hoje, o perigo é que as comunicações tenham de pagar um preço ainda mais alto para se livrar de sua posição subsidiária: ver toda mudança social e cultural simplesmente como resultado da inovação tecnológica. Isso tiraria das comunicações toda a especificidade histórica substituindo-a por um conceito radicalmente instrumental.[78]

Martín-Barbero diz que nossa reflexão sobre o consumo, enquanto algo situado nas práticas cotidianas, deve levar em conta a relação de cada pessoa com seu corpo, uso do tempo, hábitat e consciência das potencialidades de sua vida. Também é uma área de rejeição dos limites, um campo de expansão dos desejos, um reino onde se pode subverter os códigos e expressar prazeres. O consumo não é apenas a reprodução de forças. É a produção de significados e o local de uma luta que não termina com a posse do objeto, mas se estende aos usos, dando aos objetos uma forma social na qual são registradas as demandas e formas de ação das diferentes competências culturais.[79]

---

[77] Martín-Barbero, J. *Communication, culture and hegemony: the media to the mediations.* London, Sage Publications, 1993, p. 187.

[78] Idem, ibidem, pp. 201-211.

[79] Idem, ibidem, p. 213. Alguns pesquisadores, como Jorge Gonzáles e Guillermo Orozco-Gomes, também trabalham nesse ambiente de pesquisa. J. Martín-Barbero tem influenciado muito os estudos sobre mediações e recepção na América Latina, de modo particular no Brasil. Trata-se de uma nova direção nos estudos da audiência em relação à mídia. Para maior aprofundamento sobre sua pessoa e teorias, pode-se consultar publicações como: Martín-Barbero, J. *Procesos de comunicación y matrices de cultura – itinerario para salir de la razón dualista* (Felafacs GG); Melo, José M. de & Dias, Paulo da Rocha (orgs.), *Comunicação, cultura, mediações – o percurso intelectual de Jesús Martín-Barbero.* São Paulo, Metodista/Unesco, 1999; Martín-Barbero, Jesús & Rey, Germán. *Os exercícios do ver – hegemonia audiovisual e ficção televisiva.* São Paulo, Senac, 2001.

Mito e ritual

Pode parecer estranho que, entre tantos estudos vastos e complexos, tenhamos também interesse em nos concentrar nas questões do mito e do ritual. Mesmo que não tivesse sido tantas vezes objeto de estudo da maior parte de pesquisadores nestes últimos anos, este tema está tão presente quanto sempre esteve, no sentido de que, nas palavras de Roger Silverstone, "as rotinas, rituais, tradições, mitos são a substância da ordem social e da vida cotidiana".[80] A vida cotidiana pode parecer tão insignificante que as pessoas tomam o ordinário ou comum (língua, rotina, hábito) como ponto pacífico, pensando que são "estruturas essenciais" que sustentam os alicerces da segurança de nossa vida cotidiana.[81]

É verdade que não se deve considerar o lugar da mídia apenas do ponto de vista do indivíduo e da psicodinâmica; é preciso levar em conta também o coletivo e o social. Portanto, acredito firmemente que é o lado comum da vida (constituído de rotinas, tradições, mitos, rituais) que constitui e constrói o coletivo e o social. É "a base da vida social"[82] e "o mito é tanto cultural quanto social, e não apenas os textos produzidos; os contextos de sua produção também são importantes".[83] Como diz Giddens, "a rotina é parte integrante tanto da continuidade da personalidade do agente, à medida que ele/ela se move ao longo dos caminhos das atividades cotidianas, quanto das instituições da sociedade, que *são* tais somente por meio de sua reprodução constante".[84]

Para compreender melhor o que está em jogo, também é importante levar em conta a definição de segurança ontológica de Giddens, que se refere à confiança que a maioria dos seres humanos tem na continuidade de sua identidade e na constância da esfera de ação social e material à sua volta. A sensação de estabilidade de pessoas e coisas, tão crucial para a noção de confiança, é básica para os sentimentos de segurança ontológica; por isso os dois estão psicologicamente relacionados. A segurança ontológica tem a ver com o "ser" ou, segundo os termos da fenomenologia, com o "ser-no-mundo". Mas trata-se mais de um fenômeno emocional que de um fenômeno cognitivo, e está enrai-

---

[80] R. SILVERSTONE. *Television and everyday life*. London/New York, Routledge, 1994, p. 18.

[81] Para a abordagem dos pontos essenciais deste tema, inspiramo-nos no autor Roger Silverstone em sua obra "Television, myth and culture". In: CAREY James (org.), *Media, myths, and narratives – television and the press*. London, Sage Publications, 1988.

[82] Silverstone, *Television and everyday life*, cit.

[83] Silverstone, *Television, myth and culture*, cit., p. 24.

[84] GIDDENS, Anthony. *The constitution of society*, Cambridge, Polity Press, 1984, p. 60.

zado no inconsciente.[85] São "o familiar e o previsível" que sustentam nossa segurança ontológica, e "nossas atitudes e crenças derivadas do senso comum expressam e servem de base à nossa compreensão prática do mundo".[86]

Por outro lado, o saber prático, expresso por uma série de símbolos, é o elemento essencial de sustentação do senso comum. Na verdade, os símbolos da vida cotidiana,

> as visões e os sons da língua natural da cultura familiar; a publicidade, os meios de comunicação de massa, os textos nos cartazes de rua, nos jornais, na televisão; os rituais privados e públicos extremamente carregados e intensos dos ritos de passagem domésticos ou nacionais, ou celebrações internacionais; todos esses símbolos, com sua continuidade, seu teor dramático e sua ambigüidade, também são formas de controle.[87]

Suas raízes, segundo Silverstone, estão na experiência cheia de contradições que o indivíduo tem da vida social; na experiência coletiva da sociabilidade, nas exigências da interação face a face; na carga emocional do sagrado e nas demandas por estrutura manifestas em todas as formas culturais mas, principalmente, no mito e no ritual.[88]

Nesse contexto, o grande contribuinte para nossa segurança é a televisão: seu lugar "na ordenação visível e oculta da vida cotidiana; em sua significação espacial e temporal; em sua incrustação nos ritmos e hábitos do cotidiano". A tela da televisão (enquanto objeto) cria "o foco de nossos rituais cotidianos e o corpo da transcendência limitada [...] que marca nossas excursões, que partem das rotinas profanas dos atritos cotidianos para as rotinas sagradas dos programas". Vista como meio de comunicação, a televisão amplia nosso alcance e nossa segurança em um mundo de informações, levando-nos a uma rede de relações espaço-tempo "locais e globais, domésticas e nacionais, que ameaçam esmagar-nos, mas também oferecem a base para nossas pretensões de cidadania ou participação na comunidade e no bairro". Mas, com seus gêneros e narrativas, a televisão, enquanto entretenimento e fonte de informações, também oferece "estimulação e perturbação, paz e tranqüilidade".[89]

E o que é mito?

Como mencionado anteriormente neste trabalho, Roger Silverstone[90] aplicou a concepção de mito de Claude Lévy-Strauss e diz que "o mito ocupa um

---

[85] Idem. *The consequences of modernity*. Cambridge, Polity Press, 1990, p. 92.
[86] Silverstone, *Television and everyday life*, cit.
[87] Idem, ibidem, p. 19.
[88] Idem, ibidem, p. 19.
[89] Idem, ibidem, p. 19
[90] SILVERSTONE, Roger. *The message of television: myth and narrative in contemporary culture*. London, Heinemann Educational Books, 1981.

espaço particular na cultura, fazendo mediação entre o sagrado e o profano, o mundo do senso comum do cotidiano e os arcanos, o indivíduo e o social".[91]

O termo mito pode ter um sentido amplo e polivalente, como Silverstone usa em sua obra. Em suas expressões, portanto, o mito é uma forma de discurso, marcado por narrativas definíveis, familiares, aceitáveis; mitos são histórias, algumas heróicas, mas a maioria lugar-comum; há os sonhos públicos, o produto de uma cultura oral meditando sobre si mesma. Os mitos transformam-se lentamente em folclore, mais secular, mais literal, mais previsível ou coerente em termos narrativos, sem pedir que acreditem nele exatamente da mesma forma, sem marcar tão insistentemente a capital cultural de uma sociedade. Os mitos estão associados ao ritual, como as crenças à ação, definindo juntos um espaço e um tempo transcendentes e liminares para um povo em sua realidade que, sem eles, seria puramente mundana. Os mitos são lógicos, emocionantes. Os mitos são tradicionais. Os mitos persistem, muitas vezes de forma diluída. Os mitos são elementares, mas, muitos, extremamente complexos. A televisão é como o mito. Ocupa o mesmo espaço. É o espaço da distância íntima.[92]

Analisando Emile Durkheim, Silverstone explica que sua discussão deixa claro que nosso mundo (ao menos o chamado mundo primitivo) é marcado por uma dicotomia essencial: de um lado, o mundo do cotidiano, comum, mundano, sem nada de extraordinário; do outro, o mundo do sagrado, excepcional, aterrorizante, intensamente ritualizado, vital. Durkheim viu que a importância dessa dicotomia seria solapada com a secularização. Mas, com o desenvolvimento da divisão do trabalho, o processo seria compensado de alguma forma e, por conseguinte, o espaço ocupado pela relação entre o sagrado e o profano sobreviveria e os seres humanos continuariam precisando dela, de uma forma ou de outra. Silverstone sugeriu que a televisão ocupa esse espaço e desempenha essa função na sociedade contemporânea.[93]

É precisamente neste contexto que a seguinte definição de mito, defendida por Silverstone, tem grande significado: "O mítico é essencialmente uma ponte entre o homem, na sua existência cotidiana, e tanto o mundo natural quanto o mundo sobrenatural que demarcam essa existência. A mediação é a dinâmica dentro do mito".

Ao considerar mito e ritual, é importante dizer que o papel da mídia enquanto ritual público leva o campo além do comportamentalismo e reúne os conceitos da semiótica, do estruturalismo e da teoria crítica. James Carey sugere que

---

[91] Idem, "Television, myth and culture", 1988, p. 23.

[92] Idem, ibidem, p. 23.

[93] Idem, ibidem, pp. 24-25.

captar as artes populares com termos como *mito, ritual, peregrinação, liminaridade, história, narrativa, crônica* — para citar apenas uma porção seleta da lista — é ver, em um mundo miraculosamente descontínuo, práticas persistentes através das quais esse mundo é sedimentado e sua coesão, mantida.[94]

Em sua opinião, o mito e as "narrativas consensuais" organizam a sociedade em torno da recomposição contínua de determinados moldes de ação e significação. Como diz Silverstone, os mitos surgem como histórias da comunidade que celebram os heróis, as origens e a identidade coletiva por meio de rituais expressivos. Há múltiplos níveis nas narrativas míticas em que a televisão e outros meios de comunicação contam histórias. Por exemplo: os filmes e seriados policiais e de aventura da televisão celebram a esperança mítica de que o bem triunfe sobre a bestialidade criminosa à espreita em todos nós. *Dallas* e *Dinasty*, como já dito antes, celebram os mitos onipresentes da solidariedade familiar, da lealdade pessoal e do exercício de poder.[95]

Compreendidos como expressões rituais, vemos que os meios de comunicação de massa proporcionam experiências essencialmente comunitárias ou coletivas, que vão muito além daquilo que a pesquisa tradicional estuda como efeitos mensuráveis do comportamento individual. Os meios de comunicação de massa envolvem toda a comunidade na criação da cultura: produtores, investidores, escritores, atores, públicos, criadores etc. e oferecem um fórum cultural para a expressão (Newcomb & Hirsch, 1985). Os meios de comunicação de massa também envolvem toda a comunidade na experiência resultante, como nos Jogos Olímpicos, nos prêmios da Academia e em outros rituais da mídia. A noção de mito de Cassirer, citado em Silverstone[96] como uma das seis séries simbólicas, ao lado das artes, da ciência, da religião, da história e da linguagem, revela dimensões da mídia à medida que ela se relaciona às emoções, à vida social e à atividade simbólica em geral.

Mircea Eliade[97] vê os mitos como algo que oferece os pólos sagrados de nossa identidade, que nos separam da existência meramente profana e sem sentido. Além de serem comunitários, os meios de comunicação de massa também têm capacidade de regeneração enquanto "experiências liminares" (Turner).[98] Experiências liminares são aquelas que levam a pessoa além de um limiar, de

---

[94] CAREY, James (org.), *Media, myth and narratives: television and the press.* Newbury Park, CA, Sage, 1988, p. 15.

[95] Silverstone, *The message,* cit.

[96] Idem, ibidem.

[97] Idem, ibidem.

[98] Idem, ibidem.

uma fronteira. A capacidade de um romance ou filme de mudar a vida de uma pessoa, o bom teatro catártico, o triunfo olímpico assistido pelo mundo inteiro, todas essas experiências de mídia têm o potencial de criar o envolvimento emocional e a transição liminar que Turner e outros encontraram nos rituais míticos tradicionais. Mas as experiências liminares não precisam transformar a vida; podem ser apenas a experiência temporária daquele estado de transição entre outras atividades, um estado que oferece pausa e diversão na tradição das noções clássicas de lazer.

Jesús Martín-Barbero[99] sugeriu que a vida cotidiana faz a mediação entre os efeitos possíveis e reais da mídia. As popularíssimas *telenovelas* em espanhol (assim como as brasileiras), apesar de seu romantismo irreal e do escapismo individualista, sugerem um sentimento de justiça popular, um aprofundamento do conflito, o ridículo sutil dos poderosos e o reconhecimento ativo da vida do bairro, da família ampliada e da cidade. As mediações, sugere ele, são os pontos cruciais de articulação entre as representações da mídia e a vida cotidiana dos espectadores. As mediações apropriam-se de elementos da mitologia regressiva da mídia, do consumo capitalista e da dominação cultural a serviço dos mitos ainda vivos da tradição, da produtividade e da independência.

Em estudos de pesquisa mais recentes, Nick Couldry, baseando-se em perspectivas da antropologia, da sociologia e da geografia, bem como nos estudos de mídia, desenvolve uma teoria de grande alcance sobre a maneira pela qual é mantida a situação especial da mídia, que ele chama de "uma nova teoria do poder da mídia". Em seu livro *The place of media power: pilgrims and witnesses of the media age*,[100] Couldry explora as implicações dessa teoria em dois estudos de caso detalhados: de visitantes aos Granada Studios Tour, Manchester, lar do estúdio da novela *Coronation street*, e de manifestantes contra a exportação de animais vivos no porto de Brightlingsea, que oferece novos *insights* sobre o impacto das instituições da mídia sobre a vida cotidiana. A obra de Couldry explora o que acontece quando as pessoas que normalmente consomem a mídia são testemunhas do processo de mídia em ação, ou mesmo quando se tornam elas próprias objeto de atenção da mídia.

Segundo a perspectiva da interação das pessoas com o processo da mídia, o modelo teórico de Couldry analisa a naturalização do poder simbólico e diferencial da mídia em termos de cinco dimensões: a *estruturação*, que se refere ao papel da mídia de sustentar o contexto em que ocorrem nossas experiências do

---

[99] Citado em Real Michael R., *Super-Media: a cultural studies approach*. London, Newbury Park, Sage Publications, 1989, pp. 66-67.

[100] COULDRY, Nick. *The place of media power: pilgrims and witnesses of the media age*. London/New York, Routledege, 2000.

social; o *ordenamento*, que se refere às implicações hierárquicas da função do enquadramento; a *citação*, que se refere à autoridade da mídia enquanto principal fonte dos fatos sociais (podem cobrir informações estritamente factuais e ficções sociais centrais).

Na opinião de Couldry, essas três dimensões reforçam-se mutuamente, constituindo juntas o que ele chama de "hierarquia simbólica da estrutura da mídia". Essa hierarquia é reforçada também por uma dimensão geralmente oculta, o *espaçamento*. A quinta dimensão, a *imaginação*, refere-se a nossos investimentos imaginativos e emocionais na hierarquia simbólica da estrutura da mídia.[101] Embora existam outras dimensões que Couldry não considera, como "as relações complexas entre a esfera da mídia e outras esferas institucionais", por exemplo, ele diz que seu modelo "continua sendo exatamente um modelo" e que "o valor do modelo depende do grau em que ajuda a articular o que as pessoas realmente fazem, pensam e dizem em suas transações com o processo da mídia".[102]

A rotina, os rituais, as tradições, os mitos são, como diz Silverstone, a substância da ordem social e da vida cotidiana. É com isso em mente que nos sentimos estimulados a aprofundar o tema, analisando programas televisivos, mesmo como estudos de caso, do ponto de vista mítico e interativo. Grandes audiências, também religiosas, são mantidas, muitas vezes, dentro da estrutura mítico-ritual, da forma descrita anteriormente. Os rituais envolvem comportamento simbólico; são essenciais para a comunidade.

---

[101] Idem, ibidem, pp. 177-179.

[102] Idem, ibidem, p. 179.

Parte III
A revolução da comunicação: os *new media*

Seguindo um itinerário panorâmico e seletivo na consideração da "evolução da idéia de comunicação" através dos séculos, baseamo-nos, ainda que sucintamente, nas caracterizações do que chamamos de *new media*, como o último quartel do século XX e início do século XXI, segundo obras recentes de estudiosos no campo dos novos meios.

Ao considerar os pontos-chave do contexto da chamada "revolução das comunicações", não serão objeto de nossa atenção, neste momento, o aspecto industrial e comercial das novas tecnologias, nem as novas formas de processamento das informações baseadas nos sistemas digitais de codificação, nem a convergência gradual da tecnologia da informação e da comunicação no sentido de um sistema digital comum de transmissão, processamento e armazenamento. Queremos considerar, sim, alguns aspectos particulares do que estamos assistindo na paisagem social real em termos de informação e comunicação: a *network* ou rede por excelência, a Internet. Atenção será dada também para o que já se convencionou chamar, em vários países, *new media* e algumas de suas implicações na paisagem social cambiante. Trata-se de um vasto e complexo mundo novo que se descortina. Não temos, portanto, a pretensão de exaurir a discussão, mas provocar a reflexão para futuras discussões.

Dado o grande volume da literatura, que vai dos autores superentusiasmados e futurologistas àqueles que têm uma "perspectiva pessimista", selecionamos deliberadamente os pesquisadores e pensadores que, a nosso ver, trouxeram contribuições importantes no sentido de pensar além das máquinas e dos recursos inovadores. Também concordamos que as inovações tecnológicas mais recentes precisam ser contextualizadas nas condições históricas e culturais específicas de seu desenvolvimento, difusão e uso. É muito mais difícil pensar e pesquisar sobre métodos, interação social entre tecnologias e seres humanos do que cair na tentação de apenas fazer uma lista das últimas inovações tecnológicas da nova mídia.

A revolução das comunicações

Estamos vivendo em uma época que tem sido caracterizada, freqüentemente, como de "revolução das comunicações", um ciclo de mudanças sociais e culturais profundas e aceleradas, atribuídas, muitas vezes, ao impacto das novas tecnologias da mídia. Essas tecnologias continuam representando um papel importante na reestruturação e mudança de certos aspectos da produção, distribuição e recepção da mídia "tradicional". As formas de transmissão a cabo e via satélite, os gravadores de vídeo, as redes de computadores, os editores de texto e as tecnologias digitais foram todos desenvolvidos e marcados nos últimos anos, aumentando a saturação de mídia da vida moderna. Coletivamente, contribuíram para uma série importante de mudanças em muitos lares e ambientes domésticos. Esses espaços privados são cada vez mais residências "multitelas", "multicanais", "eletrônicas" ou "a cabo", ligadas à *super-highway* da informação", em que o terminal de computador, o fax, o *e-mail* e o CD pessoal estéreo operam ao lado de máquinas e formas de mídia mais tradicionais.

O desenvolvimento e a expansão dessas tecnologias também têm implicações importantes para as instituições e questões públicas (no local de trabalho, na faculdade ou no supermercado, por exemplo). Para muitos autores, essas novas máquinas foram definidas como agentes históricos causais, capazes de criar formas "revolucionárias" de mudança social e política. A computadorização e o *chip* de computador estão no cerne de muitos avanços recentes. Os computadores e as redes comutadas de telecomunicações que também fazem ligações telefônicas ou enviam/recebem fax constituem a base técnica de um crescimento enorme das comunicações mediadas por computadores (CMC), que geraram sistemas cada vez mais sofisticados de armazenamento, administração, acesso de distribuição de informações e transformaram muitos dos processos e práticas envolvidos nas gerações mais antigas de produção e consumo de mídia.

No meio desses avanços, muito se falou sobre as qualidades *interativas* das novas tecnologias de mídia. Se os sistemas mais tradicionais tendiam a ser uma forma de comunicação de "mão única", a nova mídia, assim dizem, permite uma pluralidade e uma interatividade muito maiores, quase chegando a ponto de questionar as velhas idéias de "radiodifusão" ou comunicação "de massa". Os serviços de compra pela Internet, compras feitas em casa, acesso a serviços bancários em casa e outros serviços à nossa disposição na tela do computador e do vídeo, assim como jogos, são outros exemplos das formas pelas quais os potenciais interativos das novas tecnologias estão sendo desenvolvidos e mobilizados. A interatividade permite uma resposta rápida ao usuário: o terminal de computador ligado à tela permite que as pessoas "respondam". A interatividade, combinada ao maior número de canais para novos serviços de informação e entretenimento, fez surgir um dos debates mais acalorados de nosso tempo, que gira em torno das formas mais amplas ou expandidas de *escolha do consumidor*. As novas tecnologias também tiveram conseqüências importantes para os custos envolvidos em muitas formas de produção de mídia e possibilitaram a expansão ou segmentação do novo mercado de mídia.[1]

Em seu livro *The rise of the network society*, Manuel Castells[2] diz que a revolução tecnológica, centrada nas tecnologias da informação, começou a remodelar, em um ritmo acelerado, a base material da sociedade. No mundo todo, as economias passaram a ser globalmente interdependentes; introduziram "uma nova forma de relação entre a economia, o Estado e a sociedade".[3] Embora afirme que a tecnologia não determina a sociedade, Castells observa que, na década de 1970, um novo paradigma tecnológico,[4] organizado em torno da tecnologia da informação, chegou a se constituir, e que a tecnologia da informação foi instrumental para possibilitar a implementação de um processo fundamental de reestruturação do sistema capitalista a partir da década de 1980. Nesse contexto de "revolução das comunicações", as novas tecnologias da informação estão integrando o mundo em redes globais. A comunicação mediada pelo computador cria um número imenso de comunidades virtuais.

Embora os predecessores científicos e industriais das tecnologias da informação com base eletrônica possam ser encontrados décadas antes dos anos 1940 (o telefone de Bell foi inventado em 1876; o rádio foi inventado por Marconi em 1898 e a válvula por De Forest em 1906), foi durante a Segunda

---

[1] O'SULLIVAN, T.; DUTTON, B.; RAYNER, P. *Studying the media*. London/New York, Arnold/Oxford University Press. (1998 última edição.)

[2] CASTELLS, Manuel. *The information age: economy, society and culture, I. The rise of the network society*. Oxford & Malden (EUA), Blackwell Publishers, 2001 (edição revista). [Edição brasileira: *A sociedade em rede*. Rio de Janeiro, Paz e Terra, 2003.] Vou me basear na obra de Castells na discussão que se segue.

[3] Castells faz uma distinção analítica entre as noções de "sociedade da informação" e "sociedade informacional". O termo "sociedade da informação" enfatiza o papel da informação na sociedade. Por outro lado, o termo "sociedade informacional" indica o atributo de uma forma específica de organização social em que a geração, processamento e transmissão de informações tornaram-se as fontes fundamentais da produtividade e do poder por causa das novas condições tecnológicas que estão surgindo neste período histórico. A terminologia de Castells procura estabelecer um paralelo com a distinção entre indústria e industrial. Castells, ibidem, p. 21.

[4] A noção do paradigma tecnológico foi articulada por Carlota Perez, Christopher Freeman e Giovanni Dosi, adaptando a análise clássica das revoluções científicas de Kuhn. Para dispor de uma discussão mais detalhada sobre essa questão, ver Castells, *The rise of network society*, 2001, pp. 70-71.

Guerra Mundial, e em sua esteira, que ocorreram as grandes inovações tecnológicas no campo da eletrônica: o primeiro computador programável e o transistor, fonte da microeletrônica, o verdadeiro cerne da revolução da tecnologia da informação do século XX. Mas Castells afirma que só na década de 1970 é que as novas tecnologias se difundiram amplamente, "acelerando seu desenvolvimento sinérgico e convergindo para um novo paradigma". A história das tecnologias, baseadas na eletrônica, remonta à inovação de três grandes campos tecnológicos intimamente relacionados entre si: a microeletrônica, os computadores e as telecomunicações.[5]

Nos últimos vinte anos do século XX, a maior capacidade do *chip* resultou no aumento dramático da capacidade do microcomputador. Na década de 1990, houve uma passagem decisiva para a era do computador, que passou do armazenamento e processamento centralizado de dados para o computador em rede e interativo. Essa mudança afetou não só todo o sistema tecnológico, como também suas interações sociais e organizacionais.

Como diz Castells, "ao contrário de todas as outras revoluções, o *cerne* da transformação pela qual estamos passando na revolução corrente refere-se à *tecnologia do processamento e comunicação de informações*".[6] Mas, na opinião do autor, o que caracteriza a atual revolução tecnológica não é a centralidade do saber e da informação, e sim a *aplicação* de tal saber e informação à geração de conhecimento e aos dispositivos de processamento/comunicação de informações, em um circuito de *feedback* cumulativo entre inovação e usos da inovação. Segundo o novo paradigma tecnológico,[7] as novas tecnologias da informação não são apenas ferramentas a serem usadas, mas processos a serem desenvolvidos. Portanto, usuários e fabricantes podem se tornar os mesmos; os usuários podem assumir o controle da tecnologia, como no caso da Internet. Assim, há uma relação íntima entre os processos sociais de criação e manipulação de símbolos e a capacidade de produzir e distribuir bens e serviços.[8]

No final da década de 1990, o poder da comunicação via Internet, combinado a novos processos nas telecomunicações e na computação, levaram a outra grande mudança tecnológica, "que começou com microcomputadores e *mainframes* descentralizados e chegou à computação generalizada por meio de dispositivos interconectados de processamento de informações em múltiplos formatos". Neste novo sistema tecnológico, a capacidade do computador é

---

[5] Castells, op. cit., p. 39.

[6] Idem, ibidem, p. 30.

[7] Para dispor de uma boa discussão sobre a "mudança de paradigma", ver Stefan G. Verhulst, "About scarcities and intermediaries: the regulatory paradigm shift of digital content reviewed" em Leah Lievrouw e Sonia Livingstone (orgs.), *The handbook of new media*, London, Sage Publications, 2002, pp. 432-447.

[8] Castells, op. cit., p. 31.

distribuída por uma rede interligada, construída em torno de provedores da *web* que usam protocolos comuns na Internet, o que foi possibilitado pelo acesso aos megacomputadores dos provedores.[9]

Durante a década de 1980, o mundo da mídia foi profundamente transformado pelas novas tecnologias. Os jornais eram escritos, editados e impressos a distância, permitindo edições simultâneas do mesmo jornal adaptadas a várias áreas importantes. O rádio tornou-se cada vez mais especializado. Os filmes foram transformados em fitas de videocassete e assim por diante. Mas o passo decisivo foi a multiplicação de canais de televisão com sua diversificação crescente. O desenvolvimento das tecnologias a cabo foi promovido na década de 1990 pelas fibras óticas, pela digitalização etc. E, evidentemente, a Internet constituiu a espinha dorsal da comunicação global mediada por computadores.

Foi na segunda metade da década de 1990 que o novo sistema eletrônico de comunicações começou a se formar a partir da fusão dos meios de comunicação de massa globalizados e personalizados e da comunicação mediada por computadores. O novo sistema caracterizou-se pela integração de diferentes meios de comunicação de massa e por seu potencial interativo: a *multimídia*. Multimídia é o termo que caracteriza o novo sistema e faz o reino da comunicação eletrônica penetrar todas as esferas da vida, do lar ao trabalho, de escolas a hospitais, do entretenimento às viagens.

As funções e processos dominantes da *Era da Informação* estão sendo cada vez mais organizados em torno de redes. E rede é uma série de nós interconectados. As redes, conclui Castells, são estruturas abertas, capazes de uma expansão ilimitada, integrando novos nós enquanto forem capazes de se comunicar dentro da rede, isto é, enquanto partilharem os mesmos códigos de comunicação.[10]

Mas há uma questão fundamental na argumentação de Castells e que deve ser discutida pelos interessados na revolução das comunicações. Em um livro recente organizado por Robin Mansell,[11] foi levantada a seguinte questão: "O que significa viver e trabalhar no interior da revolução tecnológica da informação e das comunicações?" Entre um grande número de aspectos muito interessantes da revolução tecnológica, é importante não só explicar os mecanismos técnicos, as conexões e inter-relações com indústrias etc., mas também investigar a natureza e importância dos modelos de interação social e técnica que surgiram recentemente, como as tecnologias e serviços digitais de informação e comunicação que estão se tornando cada vez mais onipresentes em nossa vida.

---

[9] Idem, ibidem, pp. 51-52.

[10] Idem, ibidem, p. 501.

[11] MANSELL, Robin (org.) *Inside communication revolution – evolving patterns of social and technical interaction.* Oxford, Oxford University Press, 2002.

Nesse sentido, os autores das obras mencionadas anteriormente deram uma contribuição importante para a discussão subseqüente. Com base em teorias cognitivas, econômicas, administrativas, políticas e sociológicas, examinam como esses novos modelos se sobrepõem uns aos outros e estão muitas vezes intimamente ligados a modelos já existentes de interação social e técnica. Questionam a idéia de que o uso de ferramentas da tecnologia digital esteja necessariamente associado a melhorias na sociedade ou à experiência do indivíduo em sua interação no interior da sociedade.[12]

Off-line e *on-line* — a Internet

Hoje, a Internet constitui a última fase da história das tecnologias da informação e da comunicação. É a rede das redes, é a base tecnológica da forma organizacional da *Era da Informação*. É, também, o resultado de uma longa história que começou no final da década de 1960, com a construção da Arpanet (uma rede de computadores criada pela Advanced Research Projects Agency – Arpa – em setembro de 1969) e terminou com a explosão da rede mundial — a www — na década de 1990.[13] Segundo as fontes coletadas e articuladas por Vinton Cerf, em junho de 1999, a Internet conectava cerca de 63 milhões de computadores centrais, 950 milhões de terminais de telefone, 3,6 milhões de *sites*, e era usada por 179 milhões de pessoas e mais de 200 países.[14] Em dezembro de 2000, um relatório do Pew Institute indicava que 56% da população norte-americana com mais de 18 anos, ou 104 milhões de pessoas, tinha acesso à Internet. Cerca de 75% dos estudantes com mais de 12 anos e 29% dos estudantes com menos de 12 anos tinham acesso à Internet; 56% de todos os usuários acessavam a Internet todos os dias. Alguns meses depois (2001), um relatório da Nielsen/NetRatings descobriu que 60% dos cidadãos norte-americanos, ou um total de 168 milhões, usavam a Internet em casa, no trabalho ou em ambos os locais.

Segundo Ronald E. Rice,[15] a rápida adoção de uma nova forma de pesquisar e distribuir informações, de se comunicar com os outros e de vender

---

[12] Idem, ibidem, p. 1.

[13] A Arpa foi criada em 1958 pelo Ministério da Defesa dos Estados Unidos, com a tarefa de mobilizar recursos de pesquisa para a construção da superioridade militar e tecnológica sobre a União Soviética depois do lançamento do primeiro Sputnik, em 1957. Para se aprofundar nessa questão, ver Castells, Manuel. *The Internet galaxy*, Oxford, Oxford University Press, 2001.

[14] Castells, *The rise*, cit., p. 375.

[15] Ronald E. Rice, Primary issues in Internet use: access, civic and community involvement, and social interaction and expression. In: Lievrouw, Leah & Livingstone, Sonia (orgs.), *The handbook of new media*. London, Sage Publications, 2002, pp. 105-129.

bens e serviços naturalmente levanta um número colossal de questões sociais e políticas, algumas tradicionais, outras novas. Entre as questões fundamentais que R. Rice discute sobre essa problemática, o *acesso* é a preocupação fundamental: "Quem tem ou não tem acesso à Internet? O que motiva as pessoas a usar a Internet? Que barreiras existem a seu uso? E o que caracteriza aqueles que param de usar a Internet?"

Como o acesso é a principal arena política e pública para aqueles que vêem a Internet como um serviço universal e como influência significativa sobre a eqüidade política, é importante observar que, por um lado, as tecnologias de comunicação e informação da Internet podem aumentar o capital humano proporcionando um acesso maior à educação e ao treinamento; mas, por outro lado, aqueles que não têm experiência ou recursos suficientes serão mais excluídos ainda do capital humano e social; "fronteira digital" é o termo usado para descrever essa realidade. Um número imenso de discussões e estudos sobre essa questão do acesso mostra uma *perspectiva pessimista* ao lidar com "barreiras, influências e conseqüências"; por outro lado, uma *perspectiva otimista* também está surgindo.[16]

A segunda questão fundamental levantada por Rice é o "envolvimento cívico e comunitário", isto é, se a Internet vai diminuir ou aumentar a participação política e o envolvimento da comunidade, promovendo a existência de cidadãos mais diferenciados e bem informados e comunidades mediadas com um capital social maior.[17]

A terceira preocupação que Rice enfatiza diz respeito à "interação e expressão social". Em sua opinião, apesar dos desígnios atuais e da intenção inicial da Internet de conectar computadores, um dos principais usos e conseqüências sociais é um meio complexo de comunicação, nem completamente interpessoal, nem um meio de comunicação de massa. Portanto, a questão é saber se a Internet vai ser um obstáculo ou um meio de promover a interação, a expressão social e novas formas de identidade; e será que a atividade e a criatividade social *on-line* se traduzem em amizades e relações significativas? Segundo pesquisas citadas por Manuel Castells, por exemplo, "não é a Internet que muda os comportamentos, mas os comportamentos que mudam a Internet", o que não significa dizer que a Internet não é importante. "As comunidades virtuais na Internet tamém são comunidades, ou seja, geram sociabilidade, relações e redes de relações humanas, porém não são iguais às comunidades físicas." E continua Castells,

---

[16] Para uma discussão mais aprofundada e mais completa sobre essa questão, ver R. Rice, 2002.

[17] Rice, op. cit. p. 109.

as comunidades físicas têm determinadas relações e as comunidades virtuais têm outro tipo de lógica e de relações. Que tipo de relações? Qual é a lógica específica da sociabilidade *on-line*? O mais interessante é a idéia de que são comunidades de pessoas baseadas em interesses individuais e nas finalidades e valores das pessoas.

Em outras palavras, afirma Castells,

> à medida que se desenvolvem em nossas sociedades projetos individuais, projetos para dar sentido à vida a partir do que se é e do que se quer ser, a Internet possibilita tal conexão, ultrapassando os limites físicos do cotidiano, tanto no lugar de residência quanto no trabalho, e gera rede de afinidades.[18]

Aqui também há um grande número de estudos discutindo tanto a *perspectiva pessimista* quanto a *otimista*. Por exemplo: embora uma perspectiva pessimista afirme que a tecnologia das CMCs também seja inerentemente contrária à natureza da vida humana e limitada demais tecnologicamente para que se formem relações significativas, o ciberespaço não pode ser uma fonte de amizades significativas... a perspectiva otimista vê cada vez mais a Internet como um meio de interação social. Como diz Rice, numerosos estudos de caso de CMCs mostraram que "o social" é um "adesivo" importante que liga os aspectos das CMCs voltados para a execução de tarefas e, em alguns casos, até mesmo os suplanta.[19]

Considerando a Internet em casa e na escola, por exemplo, uma nova geração está crescendo com ela ("a geração Internet", Tapscott, 1997), assistindo menos à tevê e capaz de se comunicar por *e-mail*, criar páginas na *web* e começar negócios. Os jovens usuários aproveitam a Internet para brincar, para explorar seu mundo, para experimentar diversas identidades, expressar-se por meio de páginas pessoais na *web*, alimentar relações com amigos e familiares e se socializar (por exemplo, a recente experiência do *Orkut*). Como observa Rice, essas atividades giram em torno do uso interativo do meio e da comunicação com os outros, em contraposição ao uso dos meios de comunicação de massa tradicionais.[20]

Rice conclui que, em relação à interação e expressão social, as perspectivas pessimistas afirmam que a comunicação mediada não só empobrece a natureza das interações, como também que as interações *on-line* podem ser enganosas, simplistas, odiosas e efêmeras. Apesar disso, tanto a pesquisa quanto os estudos etnográficos mostram que interações ricas, férteis, diversificadas e amplificadas são possíveis por meio da Internet. Estudos e pesquisas recentes des-

---

[18] CASTELLS, Manuel. Internet e sociedade em rede. In: MORAIS, Denis de (org.). *Por uma outra comunicação*. Rio de Janeiro/São Paulo, Record, 2003, pp. 273-274.

[19] Rice, op. cit., p. 118.

[20] Idem, ibidem, p. 119.

cobriram que os usuários da Internet tendem a ficar mais interessados nos eventos correntes; campanhas e ativistas políticos já começaram a usar a Internet para um grande número de atividades; os usuários envolvem-se mais nas atividades cívicas e políticas que os não-usuários.[21]

A nova mídia: mudança na paisagem social

"O que há de novo na nova mídia?" Essa é a pergunta fundamental que os organizadores de *New media & society* (primeira edição em 1999) fizeram a vários intelectuais. Na Introdução, o organizador Roger Silverstone afirma que essa pergunta não tem uma resposta única. O novo é considerado ponto pacífico. "O novo é *novo*." Novas são as tecnologias que apareceram nos últimos anos (como a digital, mas não só); "fazem coisas novas. Dão-nos novas capacidades. Criam novas conseqüências para nós enquanto seres humanos. Influenciam cabeças; transformam instituições. Liberam. Oprimem." Portanto, como diz Silverstone, "o novo não é uma questão simples".[22]

Mas a questão discutida pelos pesquisadores diz respeito fundamentalmente "à relação entre continuidade e mudança". Supõe investigar a complexidade da inovação enquanto processo tecnológico e social. Significa, por exemplo, lidar com a teoria tradicional e com o familiar; pesquisar a questão da determinação, da tecnologia enquanto categoria; examinar a natureza do poder, os graus de liberdade (moldar e resistir à tecnologia); discutir a comunicação, a informação e a mediação enquanto processo.[23]

Segundo Silverstone,

> a nova mídia apresenta novos desafios analíticos, mas também reforça desafios antigos. [...] As características, supostamente distintas da nova mídia — convergência digital, comunicação de muitos com muitos, interatividade, globalização, virtualidade [...] não têm, comprovadamente, com a possível exceção do especificamente técnico, nada de novo. A comunicação face a face é simultânea e interativa e não precisa de um *mouse*. A globalização estava prevista tanto na cultura cinematográfica quanto na televisual. E toda entrada no espaço eletrônico sempre pressupôs e exigiu um espaço físico tanto no seu começo quanto no seu final.

---

[21] Idem, ibidem, p. 123. Ver também RICE, Ronald E. Artifacts and paradoxes in new media. In: *New media & society*. London, Sage Publications, 1999.

[22] SILVERSTONE, Roger, What is new about new media? Introduction. In: *New media & society*. London, Sage Publications, 1999. v. 1, pp. 10-3.

[23] Idem, ibidem, pp. 10-11.

Portanto, as tecnologias da mídia têm de ser avaliadas não apenas em relação às antigas, mas também levando em consideração o contexto (passado e presente), no qual o social e o humano também precisam ser levados em conta.[24]

Entretanto, como afirma Sonia Livingstone,[25] começa a surgir um consenso no processo de maturação dos estudos da nova mídia, segundo o qual é imperativo contextualizar a nova mídia, situá-la na paisagem social e mapear o ambiente cambiante da mídia em relação às atividades humanas que, por sua vez, estruturam esse ambiente. A ênfase no contexto social dos estudos sobre a nova mídia é um debate sobre como a inovação tecnológica se relaciona com a mudança social. Como muitos já observaram, nenhum aspecto da sociedade do começo do século XXI (do trabalho à vida familiar, da política ao entretenimento, da religião à sexualidade) deixou de ser tocado pelas inovações das tecnologias da informação e da comunicação. No entanto, essas observações podem se prestar muito facilmente ao tipo de determinismo tecnológico que as ciências sociais hoje criticam muito. Em vez de procurar respostas para questões que consideram a inovação tecnológica a causa e a sociedade, o efeito, as ciências sociais desenvolveram uma contravisão segundo a qual "a esfera tecnológica, em vez de ser separada da vida social, faz parte daquilo que a sociedade possibilita — em outras palavras, é um elemento constitutivo da sociedade".[26]

Talvez estejamos prestes a responder à pergunta "O que é a nova mídia?", dizendo que se trata de "um novo jargão, abreviatura de uma indústria cultural e tecnológica volátil que inclui multimídia, entretenimento e comércio eletrônico". Sempre existe o risco de uma simplificação exagerada, mas as organizadoras do *handbook* sobre a nova mídia (2002) dizem que os pesquisadores preocupados com questões tecnológicas, econômicas ou comportamentais tenderam a definir a nova mídia em termos de características e serviços do sistema, estruturas e propriedade da indústria ou da psicologia dos usuários da mídia, respectivamente. Intelectuais críticos/culturais, seguindo a tradição dos estudos de mídia, inspiraram-se mais em definições baseadas no conteúdo e na forma da nova mídia. É importante observar que, embora muitos dos intelectuais da nova mídia de hoje tenham desenvolvido uma visão da tecnologia mais próxima da perspectiva de moldagem do social e, a existência, durante as duas últimas décadas, de uma crítica implacável ao determinismo tecnológico, persiste a linguagem dos "impactos".[27]

---

[24] Idem, ibidem, p. 11.

[25] LIVINGSTONE, Sonia. The changing social landscape. In: LIEVROUW, Leah & LIVINGSTONE, Sonia (orgs.). *The handbook of new media*. London, Sage Publications, 2002, pp. 17-21. (Introdução.)

[26] MACKENZIE, D. & WAJCMAN, J. (orgs.). *The social shaping of technology*. 2. ed. Buckingham, Open University Press, 1999. p. 23.

[27] LIEVROUW, Leah & LIVINGSTONE, Sonia. The Social Shaping and Consequences of ICTs. In: LIEVROUW, Leah & LIVINGSTONE, Sonia (orgs.). *The handbook of new media*. London, Sage Publications, 2002. pp. 1-15.

Considerando que uma única definição da nova mídia não tenha condições de captar o grande número de formas com que o termo é usado hoje, os autores mencionados anteriormente propõem um quadro de referências para pensarmos a nova mídia, um quadro que vai além da simples classificação de sistemas e características e com o qual nos identificamos. Por *nova mídia* queremos dizer, portanto, tecnologias da informação e da comunicação e seus contextos sociais concomitantes, que incorporam:

- os artefatos ou dispositivos que possibilitam ou ampliam nossa capacidade de comunicação;
- as atividades ou práticas de comunicação com as quais nos envolvemos para desenvolver e usar esses dispositivos; e
- os arranjos ou formas de organização social que se formam em torno dos dispositivos e das práticas.[28]

Segundo a perspectiva dessa definição, muitas tecnologias são infra-estruturais, pois combinam elementos da tecnologia, da prática e das instituições sociais.

Em resumo, os debates sobre o desenvolvimento das novas tecnologias de mídia na década de 1990 são extensos, indo da terminologia até questões mais complicadas e inter-relacionadas do que parecem à primeira vista. O principal debate é entre os "novófilos" que acolhem as novas tecnologias com termos otimistas e os "pessimistas culturais", que vêem esses processos com considerável inquietação e ceticismo.[29] A pesquisa nessa área está progredindo, embora seja limitada e praticamente impossível tirar conclusões definitivas dela. Mas concordamos que "a abertura da pesquisa da nova mídia, depois de décadas de crescimento e diversidade, continua sendo um de seus pontos mais atraentes e produtivos".[30]

---

[28] Idem, ibidem, p. 7.

[29] CURRAN, J. & SEATON, J. *Power without responsibility: the press and broacasting in Britain*. 5. ed. Routledge (1991), 1997.

[30] LIEVROUW, Leah & LIVINGSTONE, Sonia. The Social Shaping and Consequences of ICTs. In: LIEVROUW & LIVINGSTONE, op. cit., p. 1. *The handbook of new media* inspira-se nas principais correntes de pesquisa e estudos acadêmicos que constituem a melhor compreensão corrente da relação entre a nova mídia e a sociedade.

PARTE IV
Era de transformações socioculturais e comunicacionais

Ao considerar as mudanças que ocorrem na sociedade de hoje, em um horizonte crescente de globalidade, quer econômica, quer cultural, torna-se imperativo colocar-nos diante de algumas premissas indispensáveis para a reflexão sobre o modo de perceber a sociedade em que atuamos.

Premissas indispensáveis na consideração das mutações epocais

I. ADMITIR que existe uma mudança de época

Há uma profunda e intensiva mudança acontecendo na sociedade. Encontramo-nos em uma nova fase da história.[1] Vivemos uma época da história com sinais evidentes de transição. Em tais momentos, o ser humano passa sempre por uma sensação de vazio, de falta de senso e de normas, de incertezas e de crises permanentes.

Estamos presenciando um fenômeno novo: o processo de globalização, que vem por meio do mercado, da política, da estratégia militar, da ciência tecnológica, da comunicação e da espiritualidade. Hoje há um consenso quase

---

[1] Exortação apostólica *Familiaris consortio* n. 4, 1981, João Paulo II. Carta Encíclica *Centesimus annus* n. 53, 1991, João Paulo II. Constituição Pastoral *Gaudin et spes* n. 4, 1965, Concílio Vaticano II. *Redemptoris missio, 1990*. Documentos mais recentes de João Paulo II também focalizam as rápidas mudanças que ocorreram na sociedade, especialmente suas últimas mensagens por ocasião do Dia Mundial das Comunicações.

unânime entre os analistas da sociedade mundial sobre o fato de que realmente estamos passando por uma grande mutação cultural e civil. Estamos entrando em uma nova fase do processo humano, em um novo percurso da consciência e em uma nova era do planeta Terra. Tal constatação não é indiferente às religiões mundiais e ao cristianismo. Temos a necessidade de acolher o fenômeno e compreender a lógica que comanda e direciona o processo de mutação.

2. O modo de PERCEBER a sociedade

Antes de falar sobre as orientações principais que caracterizam a mudança existente neste início de século, salientamos alguns pontos sobre nosso posicionamento diante dos fenômenos que acontecem na sociedade hoje. Nosso itinerário não segue necessariamente caminhos científicos sobre o significado da "percepção", mas adota uma forma pedagógica simples, que pode nos auxiliar na reflexão pessoal e comunitária sobre o nosso modo de situar-nos diante da mudança da realidade. Podemos dizer que o modo de "perceber" a mudança existente vem ligado a uma "lógica" na qual podemos distinguir *três vertentes*.

A *primeira vertente* segue sobretudo a linha dos sentidos (ver, tocar, olhar...). É o constatar, em um relance, as coisas que mudam, perceber como são absorvidas por nós, sem que nos demos conta disso; "respira-se" uma atmosfera da qual é impossível livrar-se. É uma lógica baseada sobretudo na linha do óbvio, de uma descrição cronológica dos fatos (o rádio e o telejornal dizem...; verdade mesmo é porque apareceu na tevê... Todos fazem assim; toda gente se veste assim..., portanto, nós também!). Essa forma de "perceber" a mudança de mentalidade caminha na linha da impositividade do momento (é impossível ignorá-la, caso contrário, tornamo-nos pessoas alienadas, fora de nosso tempo). Captar que algo de diferente acontece e precisa ser por nós absorvido segue a linha do "automatismo", do "sentir", sem a colocação de questionamentos mais profundos.

A *segunda vertente* do perceber a mudança consiste em uma leitura que vai além do sentir, do constatar, do enumerar os eventos. É o analisar a história de modo mais racional — uma leitura sobre o *porquê* se faz assim; ou *aonde* se vai fazendo desse modo; ou o que motiva a sociedade a agir dessa maneira; e *quem* induz a fazer deste ou daquele modo. Ou seja, ao "sentir" a realidade, se pensa, analisa e reflete sobre a visão global de causa e efeito, por exemplo, tendo presente as características principais que constituem ponto de partida ou de chegada desta ou daquela situação, de certeza ou de confusão do nosso tempo. Essa vertente requer discernimento para uma escolha de vida de acordo com os valores, para se tomar decisões acertadas, para assumir o *novo* mas não necessariamente a novidade.

A *terceira vertente* é o perceber, segundo o Espírito, a presença de Deus na escuta atenta aos seus sinais hoje. A evangelização deve caminhar em sintonia com os sinais dos tempos e do espaço. Acolher tais sinais significa acolher o momento histórico e as situações que lhe são próprias, como "lugar teológico" e "interpelação de Deus". A missão da Igreja se desenvolve a partir da fé, como experiência de Deus, enquanto elemento fundante e como realização do encontro com todas as coisas contempladas, à luz de Deus, em um tempo e espaço determinados. Os apelos do Espírito ressoam na hora histórica que nos é dada viver. É esta a "hora de Deus", o tempo da graça para todos.[2]

No presente trabalho, concentraremos o argumento sobre a segunda vertente, que consiste em considerar as mutações em suas diversas dimensões, ou seja, uma reflexão pautada na análise de causas e efeitos, tendo presentes as características principais que constituem os "eixos", e pontos de referência para explicar a mudança de época, além da cronologia dos fatos.

Entretanto, não é fácil traçar um mapa preciso das mudanças atuais, devido à complexidade e à velocidade com que se dão os acontecimentos, os eventos de hoje. Tampouco se pode fazer uma leitura (ou análise) unívoca das mudanças políticas, econômicas, sociológicas e tecnológicas do mundo hodierno.[3]

"Eixos" da sociedade neste início de milênio

Para se fazer uma análise sintética da sociedade, que vive hoje uma transformação radical, é preciso considerar quais são os "eixos" principais sobre os quais se movem as "mudanças". Quais são as vertentes da lógica pelas quais passa a atual sociedade mundial. Entre as muitas vertentes que poderiam ser aqui consideradas, tomamos, segundo nossas pesquisas, as vertentes da

- *globalização*, especialmente no campo da economia, da política e da cultura;
- *modernidade* e *pós-modernidade*, com suas raízes e conseqüências;

---

[2] SHALUCK, Herman, ofm, "Riempire la terra del vangelo di Cristo", Roma, 1996.

[3] Se considerarmos a fase atual da história, podemos afirmar, sem margem de erro, que vivemos as conseqüências de tantos acontecimentos detonados especialmente no século passado e que deixaram a marca da destruição, a mudança de direção na sociedade, especialmente em alguns países, com ressonâncias em nível mundial. Basta lembrar o fim da Guerra Fria, a problemática dos países do Leste Europeu, a substituição do *bipolarismo* pelo *multipolarismo*, bem como o desenvolvimento dos países da Ásia, a situação da América Latina, a formação da União Européia, a luta contínua entre Israel e Palestina, a guerra no Iraque...
No campo religioso verifica-se o crescimento das seitas religiosas, a necessidade urgente e a abertura ao diálogo ecumênico. No campo das ciências, o desenvolvimento das tecnologias e das ciências que favorecem o progresso, mas que causam também preocupação quando este não se coloca em favor da vida humana e dos princípios que a regem.

- *comunicação, as novas tecnologias da comunicação*, como elemento organizador de todas as idéias que se difundem nas várias dimensões e no desenrolar da atividade humana.

Toda a mudança gira em torno desses três elementos que, em nossa breve consideração, serão analisados separadamente. Na prática, porém, eles se "entrelaçam" no tecido da sociedade. O que propomos neste bloco é uma "leitura integrada" dos três eixos que orientam as mudanças na sociedade atual, levando em consideração que o desenvolvimentto dos meios de comunicação se entrelaçam de maneira complexa com outros processos de desenvolvimento. Segundo John B. Thompson, é surpreendente que

> entre o trabalho dos teóricos sociais que se interessam pelo surgimento das sociedades modernas, há poucos que trataram a mídia com a seriedade que ela merece [...]. Nos escritos dos teóricos sociais, o interesse pelos meios de comunicação prima pela ausência.[4]

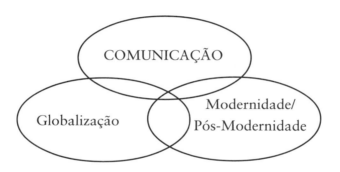

Globalização

No final do século XX e surgimento do século XXI, as ciências sociais enfrentam, como novo desafio, o fenômeno da "globalização". Mudam a política, a economia e a cultura e emergem novos comportamentos por parte das pessoas. Pela primeira vez se enfrenta o desafio de pensar o mundo como uma sociedade global. A sociedade global é o novo assunto das ciências sociais. As relações, os processos e as estruturas econômicas, políticas, demográficas, geográficas, históricas, culturais e sociais impõem-se na esfera global.[5]

---

[4] THOMPSON, John B. *A mídia e a modernidade – uma teoria social da mídia*. Petrópolis, Vozes, 2002, p. 12.

[5] A presente consideração sobre a "globalização" foi baseada nos estudos anteriores e recentes do renomado sociólogo Octavio Ianni, de saudosa memória, em *A sociedade global,* São Paulo, Civilização Brasileira, 1993; Globalização: novo paradigma das ciências sociais, 1994; e Desafios da globalização, palestra proferida por Octavio Ianni no Sepac — São Paulo, 2001; *Teorias da globalização*, São Paulo, Civilização Brasileira, 2002.

A sociedade global, todavia, exige novos conceitos, outras categorias, interpretações diferentes das existentes até hoje. Na verdade, "a globalização não é simplesmente uma ideologia, não é simplesmente uma proposta do neoliberalismo, não é apenas uma versão nova do imperialismo, a globalização é um novo ciclo da história... é um novo ciclo de expansão do capitalismo" (2001). A globalização pode ser definida como "a intensificação das relações sociais em escala mundial, que interliga zonas distantes entre si de tal forma que os acontecimentos locais são modelados sobre fatos que chegam de longa distância e vice-versa". Lembrando, porém, que sendo "a globalização 'um novo ciclo de expansão do capitalismo' e que este é 'modo de produção' e 'processo civilizatório', há toda uma cultura, há todo um conjunto de ideais, de valores, de instituições que se afirmam e se reafirmam com o capitalismo" (2001). A importância de uma reflexão nesse nível ou o interesse por esse novo objeto das ciências sociais devem-se ao fato de que a globalização constitui hoje uma das molas centrais da mudança a que assistimos e que se desenvolverá no século XXI.

É inútil considerar os campos político e econômico apenas a partir das constatações das guerras, dos novos contornos políticos, da competição pelo poder ou da análise das novas configurações políticas e econômicas. Para Ianni, o fenômeno é o novo modelo de globalização que está nascendo. O conceito de sociedade global que vislumbramos hoje não é uma simples extensão quantitativa da sociedade e do país no qual se vive. Também quando nos referimos a cada um dos países existentes, vemos que não é mais possível cada qual viver por si, dissociado dos demais. É algo que ultrapassa as fronteiras nacionalistas. Trata-se da globalização do mundo: *um processo histórico e, ao mesmo tempo, social, econômico, político e cultural, no qual se movem os indivíduos, os povos, os governos, a sociedade, as culturas, as línguas, as religiões, as nações e os continentes.*

Nesse contexto, pode-se falar de capital e trabalho, de pobre e rico, de centro e periferia, industrialização e subdesenvolvimento, dominante e dependente, mas pode-se falar, também, de produção e consumo, empregado e desempregado, integração e fragmentação, massificação e solidão. Também quando não se usa essa expressão, a verdade é que já se vive imerso nesse fenômeno, que se manifesta nas formas mais variadas de relações internacionais, sistema-mundo, economia-mundo, Terceiro e Quarto Mundos, fim da Guerra Fria, nova distribuição internacional do trabalho, vila global, *shopping center* global, Norte e Sul, ONU, Unesco, Unicef, FAO, FMI, Gatt, Otan, Nafta, Mercosul, União Européia, espaço do Pacífico, União Asiática, interdependência, ascensão e dissensão das grandes potências, Ocidente e Oriente, telecomunicações, multimidialidade, *marketing* global, novo mapa do mundo, modernidade e comunidade. A sociedade global é o cenário no qual seus membros se movimentam. Vivem, trabalham, lutam e pensam.

Segundo Ianni,

partindo da ruptura histórica excepcional que aconteceu com a desagregação do bloco soviético, uma parte imensa da terra, onde se experimentavam regimes socialistas, transformou-se em fronteiras altamente lucrativas de expansão do capitalismo. Os capitais alemães, franceses e outros estão sendo investidos na Europa Central, na Rússia; o mesmo está acontecendo na China. Não há dúvida de que essa ruptura, a queda do Muro de Berlim, é simbolicamente a queda de todo um experimento fantástico realizado no século XX, fruto de sonhos, de lutas sociais notáveis de épocas passadas (2001).

Dessa grande ruptura, os Estados Unidos se manifestam, simultaneamente, como a nação mais poderosa do mundo, mesmo que haja alianças, acomodações, e que a União Européia constitua uma realidade forte, economicamente.

Ainda que se possa dizer que as três mais poderosas nações são os Estados Unidos, a Alemanha e o Japão, não há dúvida de que a posição hegemônica dos Estados Unidos é muito grande. Eles adotam uma política em escala mundial, com características já conhecidas, com um raio de ação que vai desde a colaboração cultural, científica, econômica... até ao terrorismo de Estado, "orquestradas pela posição privilegiada que as elites norte-americanas têm no mundo" (2001).

É importante considerar também que, além do mencionado, existe a agilização em escala mundial, imposta pelas novas tecnologias baseadas na eletrônica, dos processos de trabalho e produção e os de comunicação, que deram origem às corporações da mídia. Ianni conclui que "estas se transformaram nos mais poderosos atores do cenário em escala mundial. Quem manda no mundo hoje são as corporações" (2001). Daí que, "em vários níveis, a globalização é uma realidade, não uma hipótese" (2001). Muito menos é uma fantasia do neoliberalismo. "Quando falamos em globalização ou globalismo, ou mundialização, ou planetarização, estamos falando de um novo ciclo de expansão do capitalismo" (2001).

O conceito de Estado-Nação está em declínio, e a sociedade global, em formação. Tudo o que é local, regional, nacional e continental é determinado pelos movimentos da sociedade global em plena expansão. É importante perceber que a realidade social, econômica, política, cultural e histórica começa a ser definida como "sociedade global". Neste cenário histórico, as condições de integração e antagonismo, alienação e emancipação são aceleradas e se desenvolvem amplamente, influenciando indivíduos, grupos, classes, etnias, minorias, sociedades e continentes. O mesmo processo de globalização que desenvolve a interdependência e a integração promove, também, a desigualdade e a contradição.

A interpretação da sociedade global está apenas começando. É como se a história começasse novamente. A sociedade global desenvolve diferentes modos de ser, viver, trabalhar, agir, sentir, pensar, sonhar, imaginar. É um horizonte histórico e teórico no qual o indivíduo, o grupo, a etnia, a minoria, a classe, a sociedade, o povo, a cidadania, a democracia, o autoritarismo, a representação, a opinião pública, a história, a tradição, o mercado, a moeda e outras expressões e condições de vida adquirem novos significados. Em outras palavras, afirma Ianni, há um indiscutível processo de globalização, há uma redefinição do mapa do mundo, há a emergência das corporações transnacionais como poderosos atores no cenário mundial. Portanto, estamos entrando em um "novo ciclo da história" (2001).

No final do século XX e início do novo milênio, enquanto o fenômeno da sociedade global cresce sem medidas e a globalização apresenta-se como uma nova realidade social, as ciências sociais repensam seus conceitos, categorias e interpretações. Refletir sobre esse assunto é importante, porque esse novo problema social se articula sobre pontos fundamentais, e surge a pergunta: Como se relacionará a globalização com a identidade cultural? O *ethos* mundial, cosmopolita, imaginado apenas como possibilidade, utópico, pouco a pouco tornou-se real, evidente. Estamos exatamente envoltos em um novo problema social e, no campo das ciências, se percebe o despreparo teórico.

A importância de refletir sobre este tema deriva do fato de que o fenômeno da globalização se articula em pontos fundamentais. No testemunho de Ianni, o autor afirma:

> considero uma glória sermos contemporâneos deste novo ciclo da história [...] é assustador, é muito caro, os custos sociais são tremendos, mas não há o que fazer, isto está acontecendo. O que devemos fazer, e esta é a minha posição, é estudar isso, tomar conhecimento do que ocorre, entender o que está em causa para fazer com que essa globalização se humanize [...] não é bonita a idéia que a globalização cria da humanidade, mas agora podemos falar em humanidade não mais como utopia como nos séculos anteriores; agora os intercâmbios entre os povos são muito intensos, a maneira como as pessoas estão participando do mundo contemporâneo é bastante grande em termos de convívio, de interdependência etc. A globalização implica a emergência de algo muito importante que é existir uma humanidade, e não como figura literária ou metáfora... mas como realidade (2001).

Por exemplo:
a) a criação de um novo direito internacional que conduza a um governo mundial eficiente, sem graves rupturas com as tradições culturais nacionais;
b) a restauração da cidadania nos Estados nacionais de modo a *hospedar* os novos sujeitos que chegam de fora;
c) a promoção de uma cultura aberta que torne possível a integração sem a destruição cultural.

A globalização, enquanto se constitui em um objeto das ciências sociais, suscita também dificuldades epistemológicas:
a) antes de tudo, a globalização baseia-se, principalmente, nos ensinamentos de teorias muito correntes nas ciências sociais: evolucionismo, funcionalismo, processo sistêmico, estruturalismo, teoria weberiana e marxista;

b) o conceito de globalização prioriza determinados aspectos da sociedade global: econômicos, financeiros, tecnológicos, informáticos, culturais, religiosos, políticos, ecológicos, sociais, históricos. São poucos os aspectos que levam em consideração o complexo das relações e da integração;

c) a globalização, embora suscite a idéia de participação equilibrada dos países (a interdependência), prioriza a superpotência mundial, as várias nações centrais, dominadoras do cenário mundial e da luta pela hegemonia mundial.

Com respeito à globalização, emergem alguns questionamentos na articulação de pontos fundamentais:

1. como se relacionará a globalização com a identidade cultural? De um lado, permanece o respeito pela autonomia dos povos, das nações, com seu direito à autodeterminação, à auto-expressão. A questão não é somente sociológica, mas ética e moral, porque envolve o ser humano, refere-se à justiça, aos direitos fundamentais, à paz;[6]

2. a globalização possui uma lógica "aparente" que faz pensar em participação, em direitos iguais, em interdependência. Trata-se, porém, de um equívoco. Infelizmente, cresce o abismo entre os países desenvolvidos e subdesenvolvidos, que se unem cada vez mais, agravando-se a situação do Terceiro e Quarto Mundos;

3. as tendências, a realidade e os efeitos da globalização, sobretudo no campo econômico, requerem novos critérios que possam conduzir a economia pós-industrial, caracterizada como global, a escolhas sábias e justas. Muda não somente a forma de gerenciar, mas também de mover-se no mercado do trabalho, as maneiras de satisfazer as necessidades: isto influi também na estrutura social, modificando os comportamentos individuais e familiares; muda a organização e o uso do tempo de trabalho retribuído, além daquele do tempo livre.[7] Para enfrentar as conseqüências da globalização na economia é preciso não somente conhecer, mas preparar-se com estruturas adequadas para poder sobreviver no meio da avalancha que experimentamos de forma sempre crescente.[8]

---

[6] Existem outras perguntas fundamentais sobre a globalização, particularmente ligadas ao aspecto econômico que começa a exigir novos critérios e modos de mover-se economicamente na sociedade de hoje. Para um discurso mais detalhado e profundo sobre a economia na sociedade atual e a urgência de um novo horizonte de sentido, ver o artigo de Stefano Zamagni: Il problema economico nella società post-industriale e l'urgenza di un nuovo orizzonte di senso. In: *Consacrazione e servizio*. Roma, USMI, 7-8 (julho-agosto) 1995.

[7] Idem, ibidem.

[8] Muito importante levar em consideração as discussões dos vários movimentos antiglobalização que se estão realizando ao redor do mundo, como o "Fórum social" de Porto Alegre (RS), Brasil. Segundo Octávio Ianni, ele interpretaria isso como "a história do movimento pela globalização *de baixo para cima*".

A consideração de que a globalização constitui um novo palco da história, problemático, sem dúvida, deve incluir também a reflexão de que, por exemplo, se está evidenciando a emergência de uma nova sociedade civil mundial, isto é, de grandes setores entrando em contato com outros setores. Segundo Ianni, isto significa

> uma conscientização nova e a emergência do tecido que constitui uma sociedade civil mundial, e posso falar do movimento das comunidades cristãs, nos desenvolvimentos e alianças entre sindicatos, partidos em diferentes setores... temos um novo tecido que se constituirá em uma nova humanidade (2001).

Um novo palco da história,[9] certamente problemático, mas com lutas locais, regionais, continentais e mundiais.

E Octávio Ianni continua:

> O mundo contemporâneo está dominado pelo ideário neoliberalista, mas a despeito disso há um protesto, há uma movimentação, há uma real participação, há uma nova conscientização de muitos que, em diferentes conferências, expressam, não somente na minha leitura, uma proposta de globalização de baixo para cima, mas expressam um projeto de neo-socialismo... Será neo-socialismo porque será uma visão crítica do que já se experimentou? Será uma leitura dos Evangelhos? Por que não?

E conclui

> é válido dizer que estamos a caminho da formulação de um novo projeto de socialismo... com uma tentativa de propor horizontes novos e até, no meu otimismo, na minha utopia, o neo-socialismo já tem até o seu hino, a letra da música de John Lennon — *Imagine* — que conclama todos a se reconhecerem como parte da humanidade (2001).

Modernidade e pós-modernidade: raízes e conseqüências

Este é um período marcado pela crise de paradigmas. No início de um novo século, crescem a preocupação e a ansiedade pela constatação de uma crise chamada de paradigmas, herança que marca e que recebemos no fim do milênio recém-terminado.

---

[9] Segundo Milton Santos, a globalização implica também uma mudança nas categoria com que pensamos o espaço, pois ao transformar o sentido do lugar no mundo, as tecnologias da informação e da comunicação (satélites, informática, televisão) estão fazendo com que o mundo tão intercomunicado se torne indubitavelmente mais opaco a cada dia. Opacidade que remete, de um lado, ao fato de que a única dimensão realmente mundial até agora é o Mercado, que, mais do que unir, busca unificar. (Citado em MARTÍN-BARBERO, Jesús. Globalização comunicacional e transformação cultural. In: MORAIS, Denis de (org.). *Por uma outra comunicação*. Rio de Janeiro/São Paulo, Record, 2003, p. 58.)

Vivemos um novo período na realidade histórico-cultural, isto é, encontramo-nos em uma prática que anula as "construções teóricas e filosóficas criadas desde o Iluminismo"; assistimos a um abandono do eixo de pensamentos que orientavam a atuação política, a reflexão teórica e o agir cotidiano, especialmente nas sociedades ocidentais. Percebe-se a necessidade de reorganizar o pensamento e de renovar o aparato conceitual. Poder-se-ia, então, caracterizar o marco que divide os dois milênios como uma crise da modernidade, que inclui o declínio das ideologias, das ciências, e de tudo o que acompanhou o pensamento até pouco tempo e que, hoje, provisoriamente, recebe o nome de *pós-moderno*. A revolução do "depois da modernidade", entretanto, é muito mais radical do que se acreditava inicialmente. Trata-se de enfrentar uma redefinição de conceitos não somente em vários campos, mas também em uma variedade de argumentos.[10]

As sociedades, em geral, estão vivendo um período de crise, que não atinge somente os aspectos mais imediatos da sociedade, da convivência, mas alcança os níveis profundos da cultura e do *ethos* coletivo.[11]

Depois das mobilizações políticas da década de 1960, muitas pessoas, especialmente em alguns continentes, desistiram de interessar-se pelas questões sociais. Abandonada a esperança de melhorar a vida de modo significativo, as pessoas se convenceram de que o que realmente conta é o melhoramento do próprio estado psíquico: dar vasão às próprias sensações, alimentar-se com produtos naturais, freqüentar classes de dança, fazer *jogging*, aprender a "entrar em relação", aprender a vencer "o medo do prazer". Esses objetivos, em si inofensivos, implicaram (implicam ainda!) a retirada da política e o repúdio ao "passado recente". Viver para o presente tornou-se a obsessão dominante, viver para si mesmos, não para os predecessores ou pósteros. Estamos perdendo, rapidamente, o senso da continuidade histórica, o sentido de pertença a uma sucessão de gerações. Vive-se o presente e basta![12]

O que mencionamos anteriormente é, em síntese, a conseqüência da modernidade e sua passagem para a pós-modernidade. Se analisarmos as características fundamentais da modernidade, as encontraremos sinteticamente no parágrafo apenas descrito. Entramos já no contexto específico da modernidade. O emergir da "razão", com o Iluminismo, e o da "produção", com a Revolução

---

[10] Com as novas tecnologias de comunicação, o conceito de trabalho, por exemplo, se modificou. Com a cultura digital, o conceito de *interatividade* assumiu um novo significado.

[11] João Paulo II, Convênio de Palermo, Itália, 1995. Freqüentemente os últimos documentos da Igreja e os discursos de João Paulo II aludem ao período de crise pelo qual passa a sociedade hoje.

[12] LASCH, Christopher. *La cultura del narcisismo: l'individuo in fuga dal sociale in un'età di disillusioni collettive*. Milano, Bompiani, 1992.

Industrial, nos séculos XVIII e XIX, constituem os elementos-chave da "específica visão" do homem e do mundo que permeia sempre mais a sociedade tanto do Ocidente como também do Oriente, por meio de uma rápida expansão, propiciada pelas tecnologias de comunicação.

Gênesis e desenvolvimento da modernidade[13]

Sem dúvida a noção de modernidade é complexa, porque significa um processo histórico circunscrito no tempo e no espaço e, ao mesmo tempo, compreende uma ideologia ou uma retórica de mudança, de progresso e de vanguarda. Nesse sentido, a modernidade implica a ruptura com o passado, porque pretende trazer o "novo e o progresso".[14]

Como estrutura histórica e controversa de mudança, a modernidade se estabelece no Ocidente a partir do século XVI, mas assume toda a sua amplitude somente a partir do século XIX. Mesmo que seja difícil definir radicalmente um período da história, no que se refere à modernidade, pode-se dizer que, segundo os textos escolásticos, é a partir da descoberta da América (Cristóvão Colombo, 1492) que se deu o fim da Idade Média e o início dos tempos modernos. São também deste período a invenção da imprensa, as descobertas de Galileu e o humanismo do Renascimento. Tudo isto inaugura um *modo novo de ver a realidade*.[15]

A modernidade invade todas as esferas da vida: a arte (a inspiração religiosa se enfraquece depois do Renascimento), a técnica, a política, os valores morais. A título de síntese, e para completar o quadro do ponto de vista histórico, assistimos ao início do distanciamento da ciência e seu método do quadro de referência aristotélico e teológico; depois a filosofia afastou-se da fé e da revelação; a crítica bíblica começou a arredar-se da tradição; o Direito procurou fundamentar-se fora dos alvéolos da razão, enquanto a política se dissociava abertamente da moral e de toda tutela da Igreja.[16]

P. Vanzan, referindo-se à passagem da sensibilidade medieval a uma que trazia o significado e o valor autônomo do homem e do mundo, afirma que tal passagem "trazia consigo o desejo de uma nova síntese que alimentava a tentativa de abrir-se à inovação sem descuidar o fato da tradição". Efetivamente, continua P. Vanzan,

---

[13] Esta parte do presente trabalho baseia-se em pesquisas, conferências, seminários e reflexões desenvolvidos por Joana T. Puntel nos últimos anos e atualizados com pesquisas recentes.

[14] *Dizionario di teologia fondamentale*, Assisi, Cittadella, 1990.

[15] Também a Reforma Protestante se desenvolveu nesse período e introduziu uma divisão no cristianismo; até um novo modo de viver a fé cristã, que valoriza a liberdade e autonomia da pessoa (*Dizionario di teologia fondamentale*).

[16] VANZAN, Piersandro. Ambivalenze della svolta epocale in atto. In: *Stagione di esodo*. Roma, Rogate, 1995.

os espíritos mais sensíveis advertiram que a síntese medieval era já inadequada e que era oportuno repensar um humanismo integral baseado em uma relação com Deus e o homem, Evangelho e cultura, fé e razão. Isso foi o que tentaram, mais ou menos conscientemente, espíritos lúcidos naquele período que podemos definir como "aurora incompleta" e de uma "outra modernidade".[17]

Em vez disso, caminhou-se progressivamente em direção ao divórcio entre fé e razão, entre fé e ciência, fé e política etc.

Neste contexto vale lembrar que "a aurora foi percebida por poucos. A maioria se empenhava em batalhas de defesas e justificativas, perdendo de vista a leitura dos sinais dos tempos". E assim, com uma visão míope e tardia em acolher o espírito novo (tido como um perigo, antes que um *kairós* da graça), cerram-se todas as pontes para o diálogo. E hoje assistimos àquilo que Paulo VI afirma na *Evangelii nuntiandi* (n. 20): "a ruptura entre Evangelho e cultura é, sem dúvida, o drama da nossa época".

A secularização é o impacto mais visível da modernidade sobre a fé cristã. Percebe-se um modo de pensar e de viver sem Deus e sua palavra como referência.[18] A modernidade, que não pode ser explicada sem levar em conta as diversas mudanças, pode ser definida como uma idéia reguladora, uma cultura, um estado do espírito (juntamente com outras aspirações, procuras, valores);[19] é um modo de pensar, um estilo de vida e uma mentalidade que possui características e valores próprios: a hegemonia da eficiência, a supremacia da estrutura sobre o conteúdo, a promoção da racionalidade.

Do século XIX aos nossos dias,[20] o processo de ruptura com o passado foi se reafirmando constantemente. Naquele século começava-se a viver um progresso contínuo das ciências e das técnicas, a separação racional do trabalho, a urbanização que introduziu mudanças nos costumes e a "destruição da cultura tradicional". É nesse século que vemos o emprego crescente das novas formas de energia, de meios mais eficazes de produção e de transporte, de organização racional.

---

[17] Idem, ibidem.

[18] Mesmo que seja de grande importância, não analisaremos neste trabalho a questão da modernidade e da fé cristã. A consideração sobre a modernidade é colocada neste contexto, enquanto, juntamente com a comunicação, forma um dos grandes eixos da sociedade.

[19] DOMENACH, J. M. *Approches de la modernité*. Paris, Ecole Polytechnique, 1986, p. 14. [Edição portuguesa: *Abordagem à modernidade*, Lisboa, Instituto Piaget, 1997.]

[20] Importante ter presente, como fio condutor histórico, que nos séculos XVII e XVIII os fundamentos filosóficos da modernidade colocam-se em regra com o pensamento individualista e racionalista, dos quais são promotores Cartesio e, depois, os filósofos iluministas. Com respeito à política, a Revolução Francesa, de 1789, instaura o estado moderno, centralizado e democrático.

Segundo J. M. Domenach,[21] a modernidade pode ser entendida, então, como um princípio regulador, uma cultura, um modo de ser (um conjunto de aspirações, procura de valores) que se impõe no final do século XVIII e que é escrito na época em que os manuais de história chamam contemporânea. Trata-se de uma categoria que diz respeito a todos os poderes: estado, sociedade, técnica, costumes, idéias, valores, arte, moral, religião etc. Na diversidade dos elementos que compõem as características da modernidade, acentuam-se o aspecto do progresso das ciências e das técnicas, a formação do capitalismo industrial, a explosão cultural, o avanço da razão que conquista e domina.

No presente trabalho, elencamos somente algumas características da modernidade, que nos parecem as mais pertinentes como idéias de base e como contradições que serão analisadas, mais adiante, no período da pós-modernidade, da cultura da imagem etc. Neste contexto, o homem, enquanto "indivíduo", é artífice da própria história e emerge como catalisador da modernidade; torna-se a referência e a medida não somente de si mesmo, mas também daquilo que vai além dele. Por isso, sem a pretensão de entrar em uma análise sociológica e antropológica profunda sobre a modernidade, podemos concluir que a modernidade move-se dentro da *tríade razão, felicidade e liberdade*.

1. Antes de tudo, é um discurso da *autonomia da razão* (o império da razão), que reivindica sua autonomia diante do sagrado. Trata-se do triunfo da razão que avança em várias dimensões: crítica da tradição e da autoridade, porque se funda especialmente na verdade da experiência científica. Trata-se da verificação do real. O critério da verdade passa, então, a ser o real.

a) Neste contexto da autonomia da razão, encontramos o *império da razão instrumental*. Trata-se de uma racionalidade que permeia, dirige e anima o processo de civilização ocidental. É o domínio do homem sobre a natureza, mediante o *primado da razão instrumental técnica*. "As invenções da técnica mudam a configuração de todo o mundo e o fazem com uma tal força que nenhum outro poder exerceu sobre a vida do homem, nem o político, nem o religioso", afirma Marco Guzzi.[22] E a *técnica desafia diretamente o mundo da produção e sua eficácia*. Segundo esse princípio, a razão instrumental resolve os problemas sociais. Nasce uma ética da eficácia, da produtividade. E a razão instrumental tem o primado sobre a razão comunicativa.

---

[21] DOMENACH, op. cit.

[22] GUZZI, Marco. Lo spirito della tecnica. In: *Vita consacrata*, Roma, Ancora, set./out. 1997. Em 1765, James Watt inventou a primeira máquina a vapor, iniciando a Revolução Industrial que é o dínamo econômico do movimento de afirmação na escala planetária da tecnocracia. De Adam Smith (1776) em diante, a riqueza não deriva mais da terra, mas do incremento da produtividade do trabalho, e, portanto, do próprio desenvolvimento das técnicas que tornam possível tal incremento.

No decorrer do século XX, o desenvolvimento tecnológico tornou-se vertiginoso. E Marco Guzzi, falando do "espírito" da técnica, diz que

> as tecnologias não são simplesmente instrumentos colocados nas mãos de um homem que pode servir-se delas como quer, ficando, porém, tudo igual a si mesmo; mas são, ao invés, atuações complexas que plasmam e transformam as nossas mãos [...]. As técnicas não são meios alheios à essência do homem, mas formas históricas, as concretizações encarnadas do seu manifestar-se. O homem é, portanto, por sua natureza, "técnico": isto é, artístico, poético, criativo. Expressa sua essência criando linguagens que são todas, em certo senso, *arti-ficiais*, e, portanto, técnicas.[23]

b) *Era da informática* — no fim do século XX, a técnica se desenvolve na linha eletrônica, das biotecnologias, da informação e comunicação, do domínio da energia. É a grande era da informática! Realmente, como disse Domenach, "a técnica, a informática, constitui o maior fenômeno da nossa época e o eixo em torno ao qual se organiza o desenvolvimento da nossa vida social — mas é também a questão mais importante, inquietante e controversa".[24]

Em uma interpretação do teólogo J. B. Libânio,[25] referindo-se à modernidade, o homem, com a ciência e com a razão, pode dominar toda a natureza; nasce, assim, a mentalidade de que a "cultura tem como ideal a racionalidade, a eficácia, a técnica, para criar as condições da felicidade, do conforto da vida para o ser humano". Essa visão está bem presente nos meios de comunicação social.

2. *O discurso da liberdade*. A liberdade apresenta-se na economia como "liberalismo econômico"; na política, como "democracia"; na religião, como "liberdade religiosa" que acaba em um amplo pluralismo. O anseio de liberdade do mundo moderno é muito mais que libertinagem. É o desejo de "ser" diante de um mundo sempre mais opressor e duro. A liberdade moderna é a resposta a um complexo de opressões e escravidões da família, da sociedade, da economia, da cultura dominante, da técnica, da política e da religião mesma. É um desejo utópico de um mundo no qual a pessoa não perca sua dignidade e sua capacidade de ser ela mesma e que não seja constrangida a escravizar-se para poder sobreviver.

Diante da massificação, a modernidade redescobre a intimidade da pessoa, seu valor inefável, sua capacidade de viver e de experimentar o humano e o divino, de valorizar a própria experiência e cultivar o gratuito, a arte, a cultura e a religião.

---

[23] Idem, ibidem. Todo o "Oitocentos" é tomado pelo ritmo das novas invenções, especialmente daquelas que conduzem à revolução das comunicações: 1837, o telégrafo; 1839, máquina fotográfica; 1847, impressão rotativa; 1871, telefone; 1895, cinema; 1897, telégrafo sem fio.

[24] DOMENACH, J. M. op. cit.

[25] LIBANIO. João Batista. *Teologia da revelação a partir da modernidade*. São Paulo, Loyola, 1992.

3. *O discurso da felicidade/individualismo*. É uma outra característica da modernidade, orientada em direção a uma felicidade que se identifica com o prazer e a autoformação. A procura da felicidade vem marcada pelo hedonismo contemporâneo e sua necessidade de prazer imediato, do narcisismo, disposto a usufruir o momento presente, a usufruir a vida e o sexo ao máximo. Enquanto nos surpreendemos, surge também uma pergunta: Por que isto acontece? O que se esconde por trás de tal comportamento? O que está subjacente a esse hedonismo?

Acreditamos que o mundo moderno busque o sexo impulsionado por uma série de procuras que não consegue satisfazer em sua vida cotidiana. Sente a solidão das grandes cidades modernas e procura a companhia, mesmo que transitória e momentânea. Diante da crueldade do mundo moderno e de seu planejamento tecnocrático, diante da destruição ecológica, o homem e a mulher moderna procuram um pouco de ternura, de amor, mesmo se em migalhas, um pouco de felicidade, de alegria, de espontaneidade e simplicidade. Por isso, o hedonismo não é assim tão simples como pode parecer. Subjacente ao hedonismo está a expressão, muitas vezes desviada e abusiva, sem dúvida, de procura de amor, de relações humanas, de ternura, de um pouco de prazer, de transcendência, de afirmação da vida.

Hoje, podemos dizer que existe uma "idolatria do mercado",[26] que produziu já muitas vítimas na humanidade. Mas, por detrás de tanta ânsia de riqueza, existe também alguma coisa mais profunda que o simples consumismo superficial e epidérmico.

No fundo, o ser humano "moderno" tem medo do futuro e teme perder a felicidade. Ele conhece guerras horríveis e crises econômicas que a cada momento ameaçam a inflação e a perda dos valores conquistados. O homem deseja, então, oferecer aos seus a segurança, providenciar um amanhã para seus filhos, assegurar-lhes a todo custo um futuro, pois vivem em um mundo muito cruel, em que cada um tem de procurar por si mesmo a salvação, esquecendo-se dos outros. No fundo, escondem-se o medo da morte e o vazio. Por isso, o homem se agarra ao "deus" dinheiro como sua salvação. E este medo da morte não é senão o reverso da medalha, da ausência de um mundo mais justo, onde haja para todos o suficiente para viver e não se deva lutar de maneira tão "selvagem" para sobreviver.[27]

---

[26] Ao comentar este tema, estamos já analisando a pós-modernidade.

[27] CODINA, Víctor. Modernidad y consejos evangelicos: In: *Testimonio*. Chile, Conferre del Chile, n. 157 (setembro-outubro), 1996.

Pós-modernidade: uma reviravolta?

No final da década de 1960 e início da de 1970, constata-se uma profunda mudança cultural nos países do Primeiro Mundo. Foi o advento de uma nova cultura, ou seja, uma etapa do capitalismo pós-industrial, chamada pós-modernismo, que não pode ser definida como uma nova época, mas como uma "reedição do modernismo", uma "reedição" de algumas características que a modernidade gostaria de ter atingido.[28] Segundo o autor citado, a pós-modernidade seria o "termo provisório de um fenômeno apto para designar as novas formas culturais" que surgem a partir da crise da modernidade.

Na expressão da filósofa Agnes Heller, o mundo de hoje, aquele que teve início nas últimas décadas, está provocando uma ruptura profunda com a modernidade do século passado. Essa ruptura não acontece, porém, na economia, na qual ocorre uma evidente continuidade, a globalização do capitalismo, a expansão acrítica nos confrontos da eficácia sem alternativa das operações do mercado, como sinal dos recursos mundiais.

De fato, se analisarmos rapidamente essa continuidade, veremos que a tecnologia contemporânea é o produto da lógica das revoluções tecnológicas precedentes, e não há mudança de direção em sua matriz estrutural: abolição do esforço humano e da mão-de-obra nos processos produtivos, manipulação e domínio da natureza e dos recursos naturais a partir da economia, do comércio e dos mercados; o ganho econômico como motor do acúmulo, da competência, da criatividade, da vida em sociedade. Esses três elementos da matriz tecnocultural não mudaram com as sucessivas revoluções tecnológicas, que permitiram e possibilitaram a existência e o desenvolvimento do mercado, cada vez mais globalizado na interdependência comunicativa, nos padrões de comportamento baseados na teoria do consumo sem fim.

A ruptura com a modernidade situa-se, então, no terreno da cultura. É uma crise cultural ou outra forma de relacionar-se, baseada não prevalentemente na procura dos laços da convivência humana, mas na convivência construída pela sociedade e segundo os interesses dos parâmetros dominantes da sociedade. Uma realidade que ameaça as comunidades e sua identidade. Assim, a desesperada busca da identidade é o novo drama das culturas.

Na realidade, a questão da identidade é um dos pontos fortemente discutidos hoje na teoria social, pois, como afirma Stuart Hall, "as velhas identidades", que por longo tempo estabilizaram o mundo social, hoje se encontram em declínio, fazendo surgir novas identidades e fragmentando o indivíduo

---

[28] J. F. Lyotard apud David Harvey, *A condição pós-moderna*, São Paulo, Loyola, 1992.

moderno. O indivíduo era visto, até então, como um "sujeito unificado". Entretanto, a "crise de identidade" deve ser percebida como parte do processo de mudança, pois esta desloca progressivamente as estruturas e os processos centrais das sociedades modernas e acaba por abalar os quadros de referência que, segundo Hall, davam às pessoas uma "ancoragem estável no mundo social".[29]

Na verdade, o conceito "identidade" é bastante complexo, pouco compreendido na ciência social contemporânea e as opiniões dentro da comunidade sociológica encontram-se profundamente divididas. Naturalmente, é difícil oferecer afirmações conclusivas, pois trata-se de um fenômeno que estamos vivendo e observando. Segundo Hall, há três concepções diferentes de identidade. Há o sujeito do Iluminismo; o sujeito sociológico; e o sujeito pós-moderno. Na exposição de Hall:

> O *sujeito do Iluminismo* estava baseado numa concepção da pessoa humana como um indivíduo totalmente centrado, unificado, dotado das capacidades de razão, de consciência e de ação, cujo centro consistia num núcleo interior que emergia pela primeira vez quando o sujeito nascia e com ele se desenvolvia, ainda que permanecendo essencialmente o mesmo — contínuo ou "idêntico" a ele — ao longo da existência do indivíduo. O centro do eu era a identidade de uma pessoa. [...]
>
> A noção de *sujeito sociológico* refletia a crescente complexidade do mundo moderno e a consciência de que este núcleo interior do sujeito não era autônomo e auto-suficiente, mas era formado na relação com "outras pessoas importantes para ele", que mediavam para o sujeito os valores, sentidos e símbolos — a cultura — dos mundos que ele/ela habitava. [...] De acordo com essa visão, que se tornou a concepção sociológica clássica da questão, a identidade é formada na "interação" entre o eu e a sociedade. [...]
>
> O sujeito previamente vivido como tendo uma identidade unificada e estável, está se tornando fragmentado; composto não de uma única, mas de várias identidades, algumas vezes contraditórias ou não-resolvidas. [...] O próprio processo de identificação, através do qual nos projetamos em nossas identidades culturais, tornou-se mais provisório, variável e problemático.
>
> Esse processo produz o *sujeito pós-moderno*, conceitualizado como não tendo uma identidade fixa, essencial ou permanente. A identidade torna-se uma "celebração móvel": formada e transformada continuamente em relação às formas pelas quais somos representados ou interpelados nos sistemas culturais que nos rodeiam.[30]

De fato, sem entrar na controvérsia atual entre os sociólogos, filósofos, antropólogos culturais, históricos e teólogos acerca do fim da modernidade, e as questões de identidade, concordamos com o filósofo J. F. Lyotard quando diz que a pós-modernidade consiste em uma "reescritura do modernismo, ou

---

[29] HALL, Stuart. *A identidade cultural na pós-modernidade*. Rio de Janeiro, DP&A, 2003.

[30] Idem, ibidem, pp. 10-13.

seja, de alguma característica que a modernidade queria ter alcançado".[31] Uma "reescritura" da modernidade deve ser entendida como um período em que convivem a *superação* dos valores da modernidade e a procura de novos valores que ainda não conseguimos identificar.

Podemos, portanto, perceber uma época caracterizada como:

- **Pós-industrial** (revolução técnico-científica). No estágio da pós-modernidade, a revolução industrial já se encontra superada. O desenvolvimento da informática, da robótica e de novas técnicas produtivas permitem a passagem para uma nova forma de capitalismo. Portanto, um estágio pós-industrial, baseado na alta tecnologia, com acentuada repercussão nos setores financeiros. Assim que,

  > essa nova forma de capitalismo comporta uma reestruturação política, na qual a classe dirigente, isto é, aquela que decide no nível macrossocial, deixa de ser constituída pela classe política tradicional e passa a ser formada por uma mistura heterogênea de chefes de empresa, altos funcionários técnicos estatais [...] em uma forma grandemente atomizada.[32]

- **Frustração.** Dissemos anteriormente que a idéia-força caracterizada na modernidade é a do progresso humano e da crença na capacidade ilimitada da razão humana, como proposta e orientação para um modelo de vida. Trata-se da *revolução tecno-científica*, pretendida como a geradora da "felicidade" do homem da sociedade contemporânea.

Nascem, entretanto, sentimentos profundos de *frustração*. As duas guerras mundiais, por exemplo, só foram possíveis por causa do desenvolvimento da tecnologia (1900-1950). O resultado, porém, é uma grande frustração das relações políticas da Alemanha/Itália/Inglaterra. O poder sai da Europa, vai para os Estados Unidos e daí para a URSS. Inicia-se um período de tensão. Depois vem a crise da década de 1970 — choque do petróleo, regimes totalitários no Ocidente, principalmente na América Latina, guerra do Vietnã, descoberta dos limites ecológicos do desenvolvimento, alargamento do abismo Norte-Sul e outras realidades mais recentes que poderíamos considerar.[33]

Pois bem, tudo isso coloca a idéia de progresso e o valor universal da razão humana em xeque. Pois a *razão* não transforma o indivíduo e a sociedade, portanto, surge o descrédito. Cresce, então, a expectativa de se criar uma

---

[31] J. F. Lyotard citado in David Harvey, op. cit.

[32] ANDRADE, Paulo F. Carneiro de. A condição pós-moderna como desafio à pastoral popular. In: *REB*, Petrópolis, Vozes, 1993.

[33] Poderíamos considerar aqui, por exemplo, a queda do socialismo. Será que a queda de um sistema legitima automaticamente o outro, como protótipo?

nova sociedade. Nessa expectativa, criam-se mitos de eternidade, principalmente pelos meios de comunicação social: felicidade, eternidade, juventude. A época moderna é a luta da razão. Ela não terminou, obviamente. Mas é preciso que avancemos na reflexão de outros aspectos, como nos propõe o filósofo alemão Habermas. Em outras palavras, que desenvolvamos uma *razão comunicativa*. É a consideração de que o mundo vivido está ao lado do mundo das normas, que está ao lado de um mundo social sistêmico. As normas fazem *relação* entre o mundo vivido e o mundo sistêmico. Daí que, na ação comunicativa entra a questão do sujeito como ator, detentor. Hoje, o indivíduo é mais um parceiro do processo, e não sujeito.

É a "frustração" das promessas feitas pela modernidade, colocando toda a confiança na capacidade ilimitada da razão humana, proposta como referencial para um modelo devido. Em outras palavras, a razão humana seria capaz de conduzir o ser humano ao progresso e, por meio dele, à felicidade. Mas a secularização traz suas conseqüências. Havia-se imposto maciçamente um modo de pensar e de viver sem referência a Deus.

Nas palavras do teólogo italiano Bruno Forte, a descrição da época pós-moderna é feita por meio da metáfora da noite. A época moderna foi caracterizada pela metáfora da luz (Iluminismo), como a razão que explica, ilumina tudo; o tempo que segue à crise das ideologias, à crise das grandes "promessas" que foram deixadas sem resposta. A nossa época é uma época de "frustração", de solidão:

> A razão pós-moderna nos deixa na solidão; não existem mais as grandes histórias que nos irmanam, que nos fazem sentir próximos; alguém disse que nossa sociedade tornou-se multidão de solidão — cada um permanece fechado em seu particular, em seu cálculo; cada um vive o imediato e constrói máscaras atrás das quais esconde o senso do vazio.[34]

É justamente aqui que entra um outro elemento muito importante na análise deste contexto: uma vez que se percebe que a razão não transforma os indivíduos, a sociedade se revolta, e nela (na sociedade) entra o descrédito. É o fim das ideologias. Nasce, porém, a grande ideologia do nosso tempo: o *consumismo urbano*. O consumismo satisfaz. As carências são pouco percebidas. A sociedade torna-se, assim, uma articulação de interesses. Cria-se a expectativa de uma nova sociedade. Mas onde está a nova sociedade? Apresentam-se, então, os mitos da eternidade, da felicidade, da juventude. Alem disso, perde-se o

---

[34] Neste contexto de análise da "frustração", podemos pensar que, não obstante a revolução industrial, só no século passado aconteceram duas grandes guerras mundiais, o holocausto dos hebreus, a indiferença religiosa, o consumismo hedonista. Isto é, as "promessas" da modernidade têm causado sofrimento, morte, a Guerra Fria... A conseqüência é a frustração das relações políticas. Aumenta o poder para alguns países. Cresce o desentendimento entre alguns países...

senso de tudo. Por quê? Porque não existe mais razão social pela qual lutar, não existe mais a luta pelas ideologias. A luta torna-se uma luta pela existência. O vazio de sentido da vida cresce sempre mais. Entram aqui, então, os meios de comunicação, não como substitutos de valores, mas como aqueles que preenchem o vazio.

- **"Des-referenciação" do ser.** Neste contexto, as últimas décadas vêm marcadas pela "des-referenciação" do real. "Des-substancialização" do ser.[35] A pessoa é uma parte do processo, não o "sujeito". Em outras palavras, entra em cena o "mundo sistêmico"; tudo gira em torno de uma "função" ou da "função dos sistemas". Torna-se cada vez mais difícil conjugar o "mundo vivido" (família, relações) e o mundo sistêmico. E assim a luta pela "sobrevivência", o individualismo, se afirma. É a ideologia do "por si mesmo" que ganha espaço ("Você precisa cuidar de si mesmo, porque a sociedade, o Estado não se interessam por você!").[36] Um outro aspecto dessa "des-referenciação do real" é a questão da realidade virtual (na verdade um paradoxo, porque real significa alguma coisa que tem existência efetiva, contrária ao ideal, ilusória e imaginária). E virtual significa a potencialidade de produzir um determinado efeito, isto é, cria-se uma "realidade artificial" simulada. Então não é realidade. Ou é? Daí a questão: "Eu sou aquilo que realmente sou, ou aquilo que penso que sou!"

- **Efêmero processo de contínua fragmentação.** O pós-moderno é marcado pelo *efêmero*, pelo *fragmentário*. Segundo alguns autores, o fato mais espantoso sobre o pós-modernismo é sua total aceitação do efêmero, do fragmentário, do descontínuo e do caótico. Como afirma Harvey, "o pós-modernismo nada nas fragmentárias e caóticas correntes da mudança".[37] A percepção da sociedade é desprovida de qualquer historicidade, não interessando mais nem o passado, nem o futuro, só o presente. Daí que, a imagem, a aparência, o espetáculo podem ser experimentados com uma intensidade de júbilo ou terror, possibilitada apenas por sua apreciação como presente puro e não relacionado no tempo (Harvey).

- **O espaço e o tempo.** Trata-se de uma característica muito importante a ser considerada na pós-modernidade. O espaço e o tempo são categorias básicas da existência humana. Raramente falamos no seu sentido. O espaço e o

---

[35] Mauro Willton de Sousa. Palestra proferida no SEPAC — São Paulo, 1992.

[36] Ibidem. É muito importante perceber, neste contexto, que não existe sociedade sem normas, e são elas que consentem a relação entre o "mundo vivido" e o "mundo sistêmico". No lado positivo, percebe-se o surgir de tantos movimentos de solidariedade.

[37] Harvey, op. cit.

tempo passam por uma deslocação na compreensão do seu sentido. Não se trata mais de registrar a passagem do tempo em segundos, minutos, horas, dias, meses, anos, décadas, séculos, como se tudo estivesse em uma escada temporal objetiva. No pós-moderno, o espaço passa a ter "uma representação que compreende todos os signos e significações". Daí que os espaços de representação são invenções mentais (códigos, signos, paisagens imaginárias e até construções materiais como espaços simbólicos, pinturas, museus) que imaginam novos sentidos ou possibilidades para práticas espaciais. Três dimensões passam a operar: o vivido, o percebido e o imaginado. Daí que o vivido, o imaginado, o percebido são o *aqui e agora*.[38]

A comunicação como elemento articulador da mudança social

O terceiro ponto que apresentamos diz respeito à comunicação,[39] considerada elemento articulador da sociedade, que se constitui já como uma cultura; o elemento que faz circular as idéias e produz significado na sociedade, caracterizada pela globalização e pela cultura da época (modernidade e pós-modernidade), ou seja, os dois componentes que consideramos anteriormente.

A comunicação é descrita com uma variedade e diversidade de definições porque, ao longo do tempo, conquistou novos parâmetros junto à economia, à política, à filosofia e à cultura. Para percorrer suas definições seria necessário um tratado longo e diversificado, mas também aberto, deixando espaço para a contínua mutação social que brota das novas tecnologias comunicativas. Certamente, há modos e modos de apresentar o discurso, segundo a visão e a finalidade que se deseja quando se fala em comunicação. Não obstante a diversidade de ângulos com que ela pode ser enfocada, encontramos um pensamento unânime entre os estudiosos da sociedade ao indicar a comunicação como um aspecto essencial "que articula e move a lógica da mudança hoje".

Nesse quadro de análise da mudança, torna-se imprescindível:

---

[38] Idem, ibidem, p. 202

[39] O uso do termo e do conceito de comunicação, neste trabalho, refere-se particularmente às novas tecnologias de comunicação. E, ao considerar a comunicação como elemento articulador dos aspectos tratados até este momento, não queremos entrar no discurso sobre os efeitos ou o grau de influência, de determinação ou não dos meios de comunicação sobre a audiência; muito menos considerar a comunicação um "conjunto de máquinas sofisticadas ou não". Abordamos, aqui, a comunicação na sua amplitude de meios e cultura, no seu movimento articulador. A comunicação produz significado; é uma cultura simbólica, e como tal, articula tudo aquilo que se move na sociedade, ora lançando e multiplicando as idéias, ora coordenando o simbólico e produzindo um novo significado. E isto é já uma cultura.

Conhecer e admitir
a mudança tecnológica comunicativa

Não há dúvida de que todo o universo da comunicação foi sensivelmente influenciado, nos últimos anos, pela intervenção de novidades técnicas que revolucionaram as características das modalidades operativas, dos valores e dos aspectos culturais. O desenvolvimento histórico faz-nos perceber a evolução da comunicação desde a invenção da imprensa às auto-estradas telemáticas e à realidade virtual. Nas etapas principais encontramos a era da "monomidialidade, da intermidialidade e da multimidialidade". Um olhar geral já nos oferece um universo de novas mídias que nos últimos anos modificaram nossa maneira de nos comunicar e de desenvolver atividades criativas, lúdicas e profissionais.

Se considerarmos a história, perceberemos que esses são os resultados das tendências, das procuras, emergências vivas em nosso contexto cultural, a partir pelo menos da década de 1960. Entre as grandes invenções na área da comunicação, nesse período, emergem as técnicas dos *computer graphics*, o lançamento do primeiro satélite utilizado para a comunicação (Telstar); nasce a idéia de lançar os sistemas de realidade virtual, descritos como mundos bem além de uma tela de cinema que, não obstante sua natureza virtual, parecem reais, reagindo como um mundo real, podendo-se percebê-lo de forma real.

Algumas dessas tecnologias, na década de 1970, começaram a tomar forma. Surgem nesses anos os primeiros videodiscos, as primeiras procuras no âmbito da alta definição, o nascimento do videotexto interativo, a difusão do uso do computador no campo profissional dentro das grandes administrações. Todavia, é no início do decênio de 1980 que as novas tecnologias informáticas começaram a inserir-se com um certo destaque em toda a sociedade.

Podemos afirmar que ocorreu um desenvolvimento maior sobretudo da microeletrônica, que permite maior velocidade de cálculo e operações cada vez mais complexas. Cria-se, assim, o computador pessoal (*personal computer*), que se difunde também no ambiente doméstico. Nesse contexto, ocorre uma mudança que dá início a uma série de transformações, inclusive no modo de conceber o computador, isto é, os instrumentos informáticos não são concebidos apenas como instrumentos de transformação e uso da informação, mas também como instrumentos de suporte para as outras atividades do indivíduo.[40]

O decênio que há pouco findou foi definido pelos estudiosos como década digital, isto é, um período no qual as tecnologias vídeo-digitais foram amplamente utilizadas nos sistemas televisivos, tanto na recepção como na transmissão de sinais. O progresso da tecnologia, especialmente da multimidialidade,

---
[40] BETTETINI, Gianfranco & COLOMBO, Fausto. *Le nuove tecnologie della comunicazione.* Milão, Bompiani, 1996.

convive cada mais com o nosso dia-a-dia e se verifica, de forma crescente, uma invasão eletrônico-comunicativa do social. Nascia, já em 1984, a palavra "ciberespaço", inventada por William Gibson, e que pode ser definida como *o espaço de comunicação aberto pela interconexão mundial dos computadores e das memórias dos computadores*. Essa definição inclui o conjunto dos sistemas de comunicação eletrônicos, na medida em que transmitem informações provenientes de fontes digitais ou destinadas à digitalização.[41]

Essas inovações trazem em seu bojo vantagens indiscutíveis e progressos notáveis, também do ponto de vista sociocultural. As novas tecnologias da comunicação constituem um aspecto essencial da sociedade industrial avançada: dos bancos de dados aos instrumentos interativos, da alta definição à realidade virtual, do satélite à fibra ótica, do telefone celular ao fax, à Internet.

Chegamos ao ponto de conceber a comunicação como fenômeno global, que se conjuga com tantos aspectos da vida social. A visão atual e de futuro que se propõe à sociedade em sua mudança de hoje nos impele a olhar a comunicação social como um fenômeno cultural dos nossos tempos, que organiza e move a globalização, a modernidade e a pós-modernidade, integrando as três orientações fundamentais que caracterizam uma mudança de época, neste Terceiro Milênio.

Nos últimos anos do século XX, o planeta apresentou estatísticas surpreendentes. A informática está modificando rapidamente o mundo da comunicação. A Internet tornou possível a explosão da multimidialidade. A maior rede internacional informática existente iniciou-se com o Pentágono, em 1968, nos Estados Unidos. No início da *Web*, em 1995, 44 milhões de pessoas usavam a Internet. Em 1998, ela contava com 142 milhões de usuários. Ao final de 1999, entre mais de 6 bilhões de habitantes, os usuários de Internet somavam 259 milhões, concentrados principalmente nos Estados Unidos, com 110,8 milhões, no Japão, com 18,2 milhões, no Reino Unido, com 14 milhões, no Canadá, com 13,3 milhões, na Alemanha com 12,3 milhões; no Brasil com 6,8 milhões; na China com 6,3 milhões; e na Coréia do Sul com 5,7 milhões.[42] A previsão é de crescimento constante, seja para o *business*, seja para interligar bibliotecas, arquivos, centros de estudos, grandes empresas, banco de dados, pesquisadores etc.

Em síntese, essa rede oferece acesso aos mais importantes sistemas telemáticos existentes no mundo. Ponto forte da Internet é o contínuo enriquecimento dos serviços oferecidos. O mercado multimidial está, portanto, em grande expansão. E assim, expandem-se também as livrarias virtuais.

Assim, do ponto de vista histórico-evolutivo, é importante compreender que o panorama do desenvolvimento das tecnologias de comunicação apresenta,

---

[41] LÉVY, Pierre. *Cibercultura*. São Paulo, Editora 34, 2000, p. 92.

[42] GOSCIOLA, Vicente. *Roteiro para as novas mídias – do game à TV interativa*. São Paulo, Senac, 2004. p. 76.

vertiginosamente, a própria comunicação como fenômeno complexo e articulado. Entre todos os aspectos relevantes de tal evolução técnica, torna-se imprescindível perceber que, mudando a tecnologia, muda a comunicação. Portanto, seria um erro analisar os vários aspectos da nova comunicação com os critérios da época dos *mass media*. Certamente, não ignoramos o fato de que existe uma relação entre os *mass media* e a *nova mídia* (*new media*), mas trate-se de um universo novo, que requer também uma "mente interativa". É essa mente interativa que a nova geração possui. A divisão que se está formando na sociedade hoje não é somente entre os que possuem meios e os que não possuem tecnologias de informação. O verdadeiro *gap* (ruptura/cisão) é de tipo cultural/geracional; é um salto na linguagem.[43]

Neste sentido, torna-se imperativo pensar que a mídia abre novas possibilidades, não somente porque possibilita a informação mais rápida, mas permite (e provoca!) a criatividade de *novos métodos* para desenvolver a comunicação. Assim, por exemplo, se pensarmos no hipertexto (uma série de textos interligados entre si), na escrita *linkada* com outras linguagens (música, *design*, imagens), a interatividade já se torna uma hipermídia.[44] Não se trata simplesmente da passagem do analógico para o digital, ou de adquirir um novo computador. A mudança consiste na passagem de uma "idéia" que possuíamos até o momento a respeito do texto, da leitura. Dá-se uma mudança de método, isto é, escrever não é mais oferecer simplesmente uma mensagem pronta que comunica a intenção do autor, mas oferecer material para o trabalho do leitor, que, agora, transforma-se em "autor". Muda-se a forma de produzir. Muda, então, a função do chamado receptor. É o usuário que se serve, como deseja, dos produtos de consulta; pode escolher segundo seus gostos e desejos. Assim, a hipermídia, especialmente, favorece o desenvolvimento da interatividade de forma extraordinária. Trata-se não apenas de uma "novidade" a mais no mercado, e, sim, de novas linguagens que já se encontram, progressivamente, na área da educação.

A perspectiva futurística da comunicação é constituída pelas "auto-estradas" eletrônicas, que apresentam o planeta envolto em uma infinita rede comunicativa em que a pessoa, em qualquer lugar do globo, pode entrar em contato com outra pessoa, cultura, trabalho, entretenimento. Chegou-se a uma etapa na qual cada pessoa se transforma em um "nó" comunicativo coligado a todos os outros. Nessa perspectiva, não se poderá mais viver senão "em rede".[45]

---

[43] NEGROPONTE, Nicholas. *A vida digital*. São Paulo, Companhia das Letras, 1995.

[44] Para aprofundamento deste tema, ver Vicente Gosciola, op. cit.

[45] Para informações ulteriores relacionadas à auto-estrada, ver: Bill Gates, *A estrada do futuro*. São Paulo, Companhia das Letras, 1995.

A comunicação como cultura: uma nova ambiência

Considerando o quadro evolutivo da trajetória da comunicação nas suas diferentes fases, a comunicação chega, hoje, a constituir-se em um fenômeno que atrai a atenção dos estudiosos a ponto de ser definida como cultura; ou seja, aquele "ambiente vital", "o conjunto de valores", o "estilo de vida" que realmente constitui o elemento articulador que gera, administra, apóia, impulsiona e sustenta todos os aspectos que apresentamos, precedentemente, neste trabalho. A comunicação tornou-se uma *cultura global*.

As tecnologias comunicativas atuais, a indústria da comunicação, o processo de produção medial, as ciências da comunicação, o uso difuso em âmbito mundial das "máquinas de comunicar" têm operado uma revolução. A comunicação não é mais um conjunto de meios "singulares" (imprensa, jornal, cinema, rádio, televisão, computador etc.), mas uma "ambiência vital", isto é, uma cultura que influi e na qual se move cada aspecto da vida individual e social.[46]

Assistimos ao emergir da sociedade da informação que tem originado uma "nova geração". Em outras palavras, diz respeito à geração Computer, Cibernética, Chip, Card, Cabo, Crítica etc. O protagonista da sociedade de informação é geração "C". Uma geração que não somente comunica a distância, mas, por meio da cibernética, com um monitor, cria uma realidade: a realidade virtual do mundo. A geração "C" é uma potência torrencial que não tem direção e na qual a objetividade não tem importância. "C" situa-se na sociedade como uma força prepotente que muda a forma da comunicação, a relacionalidade humana, a vida pessoal e a fisionomia intrínseca e extrínseca da sociedade. Já é um "ambiente vital", por isso é uma cultura. Acontece, freqüentemente, que nos encontremos despreparados diante das novas tecnologias e, assim, o risco de não as usar adequadamente. Não é preciso surpreender-se ante a velocidade da evolução tecnológica, mas é importante compreender o que significa encontrar-se diante de uma verdadeira "revolução" tecnológica, em que podemos colher os benefícios econômicos, culturais, bem como tomar consciência das "mutações" fundamentais que as novas tecnologias operam nos indivíduos e na sociedade.

---

[46] A respeito deste assunto, existem autores, como Lucia Santaella (PUC-SP), que propõem uma consistente reflexão acerca da comunicação e da cultura do século XXI. A transformação do processo comunicacional diante das novas tecnologias da cibercultura é o ponto de partida para essa ampla discussão, que repensa o papel do ser humano em relação à mídia e ao novo contexto social que se apresenta. A autora, em seu recente livro *Da cultura das mídias à cibercultura*, diz que "a cultura das mídias não se confunde nem com a cultura de massas, de um lado, nem com a cultura digital ou cibercultura de outro. É, isto sim, uma cultura intermediária, situada entre ambas. Quer dizer, a cultura digital atual não brotou da cultura de massas, mas foi sendo semeada por processos de produção, distribuição e consumo comunicacionais a que chamo de 'cultura das mídias'". (Entrevista em *Comunicação e Cultura*, Publicação da área de marketing – Ano 1, n. 4, 2003, Paulus.

Considerando rapidamente o mapa das tecnologias comunicativas, vemos que a sociedade de informação foi freqüentemente definida como uma revolução no modo de viver, quase como na questão da Revolução Industrial. Na realidade, se entendermos a comunicação como cultura, poderemos afirmar que a revolução da informação tem conseqüências ainda maiores do que a Revolução Industrial.

Em primeiro lugar, a velocidade das mudanças é muito mais elevada. A segunda diferença é que a revolução da informação caracterizou-se muito cedo por aspectos de globalidade, enquanto a Revolução Industrial teve origem em um dado período histórico e em uma área geográfica precisa. A revolução da informação foi rapidamente difundida a todos, como resultado da combinação das tecnologias desenvolvidas em lugares e contextos diversos. Inserida no contexto de mercados cada vez mais abertos, a própria comunicação contribuiu para acelerar o processo de globalização atual. O terceiro elemento de novidade é que a sociedade de informação produz um impacto direto sobre os indivíduos. São as pessoas, individualmente, que escolhem, sem intermediários, a informação da rede. Trata-se de um processo de crescimento cultural.[47]

Inserindo a comunicação no contexto da "pós-modernidade", ela não se limita mais a um único setor (aquele dos meios de comunicação social), da iniciativa humana. A comunicação hodierna inaugura o advento de um complexo modo de viver, redistribui a experiência humana, dá início a um tipo de "civilização" na qual se encontram as culturas e os vários modos de pensar, de agir, de sentir: surge, assim, a interculturalidade e a interdisciplinaridade. A pós-modernidade emerge da modernidade e traz consigo a configuração de "civilização" da modernização das mudanças complexas e abrangentes em todos os aspectos e dimensões da existência humana hoje. Como dissemos, a comunicação não é mais um conjunto de "instrumentos", de "meios", mas é uma cultura, afirma o estudioso do fenômeno da comunicação, Andréa Joos.[48]

Chegamos ao ponto de conceber a comunicação como um fenômeno global, que se conjuga com tantos outros aspectos da vida social e eclesial. João Paulo II, em sua encíclica *Redemptoris missio* (7/12/1990), considera o universo da comunicação social o "primeiro areópago do tempo moderno" e proclama a necessidade de superar uma leitura simplesmente instrumental dos *media*. Diz o papa: "Não basta usar (os meios) para difundir a mensagem cristã [...] mas é preciso integrar a mensagem mesma nesta 'nova cultura' criada pela comunicação social" (n. 37 c).

---

[47] TAMMARO, Anna Maria. *"La rivoluzione multimediale oltre i luoghi comuni"*. In *Letture*, Alba, nov. 1996.

[48] Andrea Joos é um grande pesquisador na área da comunicação e membro da Pontifícia Comissão para as Comunicações Sociais, em Roma.

A visão atual e de futuro que nos propõe a sociedade, em sua mudança de época, e o magistério da Igreja nos impulsionam a levar em consideração a comunicação social como um fenômeno cultural do nosso tempo. O esforço deve orientar-se para compreender que a tecnologia de informação está mudando todos os aspectos da vida. Estamos imersos no fluxo da comunicação mediatizada como se fosse "num aquário". Ninguém é excluído do contato. Mudam os conceitos de tempo e espaço. Trata-se de uma revolução invasiva que pesa nos conteúdos do pensamento, sobre a experiência da vida cotidiana e sobre as estruturas mesmas da pessoa até o ponto de determinar uma nova compreensão da realidade. Isso influi na vida das pessoas e na missão que somos chamados a desenvolver na Igreja e no mundo.

Aceitar a comunicação como cultura, porém, requer uma mudança de mentalidade, de métodos de ação. A percepção do mundo mudou, como já consideramos anteriormente; mudaram as formas de trabalhar, de produzir. A mentalidade e o método, entendidos como cultura e como fenômeno relacionado com tantos outros aspectos da cultura — como a economia e a política —, devem também entrar no processo de mudança no viver, no atuar e no evangelizar. Quando dizemos que a comunicação é uma cultura, não queremos dizer que seja uma ideologia, mas, sim, um aspecto fundamental da sociedade, uma mentalidade e um método, em conexão com um conjunto de outros aspectos da sociedade.

A comunicação, como cultura, é um fenômeno que marca a mudança de época neste início de milênio. Ignorar este fato ou rejeitá-lo poderá trazer conseqüências irreparáveis. Mas querer compreendê-lo implica reflexão e consideração pela evolução dos processos comunicativos atuais que não correspondem mais a um processo de comunicação unilateral, e, sim, a um processo no qual a recepção, o público como audiência, desempenha um papel importante na interação midiática, como vimos na Parte II desta obra. Importa lembrar que o esforço para refletir não é um "luxo intelectual", mas uma necessidade; o não amadurecer certas idéias dificultará a mudança, porque não se pode refazer a história por decreto.

A consideração da cultura e de sua evolução, neste contexto, não pode ser vista separadamente das categorias analisadas precedentemente. Isto é, com as novas tecnologias da comunicação, instaura-se uma "nova cultura", compreendida como "um modo de ser e um estilo de vida", uma nova ambiência. A evolução do conceito de cultura, portanto, deve ser considerada contemporaneamente e entrelaçada ao movimento das características da modernidade e pós-modernidade (esta é a razão e a arquitetura do diagrama anexo — a evolução da cultura, com atenção ao fenômeno da comunicação, em uma leitura integrada).

Consideramos a abordagem da cultura a partir da comunicação pelo fato de nossa era da comunicação apresentar-se como cultura. A Igreja exprime este conceito, ainda não tão bem conhecido e nem suficientemente explorado, dada sua "força revolucionária", nos documentos *Redemptoris missio* (n. 37 c) e *Ecclesia in Africa* (n. 71). E o documento *Com o dom da caridade dentro da história* (n. 26)[49] afirma que

> a cultura de hoje [...] no mundo, é difusa e plasmada pelos *media* de forma tão relevante que alguns não hesitam em falar de uma revolução antropológica. Não se trata, realmente, de simples instrumentos, mas de novas linguagens e processos de comunicação, que transformam as atitudes psicológicas, o modo de sentir e de pensar, os hábitos de vida e de trabalho, a própria organização da sociedade [...]. Nasce a pergunta: quem é o ser humano em nossa cultura? Qual a visão de vida por detrás de tantas palavras, imagens, espetáculos, mensagens publicitárias?

As tendências culturais, os valores da modernidade, apenas elencados, declinaram: a razão que orientava as coisas, a ciência que explicava tudo, as idéias que davam um objetivo à história etc. Em seu lugar emergiu o narcisismo, a emoção, o momento presente vivido com intensidade, sem considerar o passado e admitir um futuro; o nomadismo, a relativização, a fragilidade, a "fragmentaridade", a corporeidade, o tempo livre, o pensamento "débil". Tudo isso encontra um ambiente propício em uma outra cultura — a comunicação. Esta cultura é um fenômeno que cria, alimenta, amplia, difunde, articula as outras culturas, por exemplo, a cultura política, a cultura econômica, a cultura do indivíduo, do efêmero, da aparência, da espetacularização.[50]

Evolução do conceito de cultura

Recorrendo à história do conhecimento humano, podemos verificar que em todos os campos das humanidades, da filosofia às ciências sociais, da filologia à antropologia (particularmente esta), há definições específicas de cultura. E cada uma dessas ciências sociais adapta, ajusta e delimita o conceito de cultura às fronteiras do conhecimento no campo que cada uma cobre. É um conceito com uma lenta história de desenvolvimento e o sentido que apresenta, hoje, é, de alguma forma, produto da história. Cultura é uma das palavras mais difíceis de definir, não por falta de definições, mas por excesso; na realidade, trata-se de um dos mais complexos conceitos que existem.

Mapeando alguns episódios no desenvolvimento do conceito de cultura, podemos compreender sua grande evolução através dos tempos, adquirindo

---

[49] Título original italiano: *Con il dono della carità dentro la storia* — Nota Pastoral da Conferência Episcopal Italiana, 1996.

[50] Não se trata de condenar ou de apresentar uma visão apocalíptica dos meios de comunicação. Nem nos propomos a verificar a teoria dos efeitos ou a ética da comunicação, não obstante sua importância. O discurso seria demasiado amplo. Também porque as novas teorias sobre as audiências, nestes últimos anos, enfatizam mudanças fundamentais no modo de considerar o receptor, como alguém que recebe a comunicação.

diferentes sentidos, incorporando outros novos conforme as épocas e os avanços dos estudos, principalmente na área da antropologia.

Nas primeiras discussões sobre a cultura,[51] especialmente entre os filósofos e historiadores alemães durante os séculos XVIII e XIX, o termo *cultura* era usado geralmente em referência a um *processo do desenvolvimento intelectual ou espiritual* — um processo que diferia do de "civilização". Pode-se dizer que este é o conceito clássico de cultura, definido, então, como o processo do desenvolvimento e enobrecimento das faculdades humanas; um processo facilitado pela assimilação da ciência e da arte e ligado ao caráter progressivo da era moderna.

Com o aparecimento da disciplina da antropologia, no final do século XIX, a concepção clássica abriu caminho para vários conceitos antropológicos de cultura, despojando o conceito de sua conotação etnocêntrica e adaptando-o à etnografia. John B. Thompson[52] distingue duas concepções: a descritiva e a simbólica. Isto é, os fenômenos culturais tornam-se fenômenos simbólicos, e o estudo da cultura preocupa-se essencialmente com a interpretação dos símbolos e das ações simbólicas.[53] E este é, precisamente, um bom ponto de partida para entender a comunicação como cultura.

Na *fase industrial*, e como *característica da modernidade*, temos a *cultura de massa*, como uma "profusão ilimitada de signos". Ligada ao processo de desenvolvimento industrial e urbano, a comunicação de massa inicia a produção de um produto industrializado e hegemônico. Conseqüentemente, temos uma cultura hegemônica. Neste contexto, a comunicação de massa *transforma-se em produção e transmissão de formas simbólicas*. É uma grande e profunda mudança na sociedade, porque a comunicação de massa, como forma simbólica, começa a mediar a "cultura moderna". É a fase industrial.

No quadro evolutivo da trajetória da comunicação, em suas diferentes fases, a comunicação chegou, especialmente na *pós-modernidade*, a ser um fenômeno que atraiu uma atenção especial dos estudiosos e da Igreja, no seu magistério, a ponto de defini-la como uma cultura.[54] Ou seja, uma nova ambiência, um "conjunto de valores", uma "cultura nova", que realmente se constitui em um elemento articulador que gera, administra, sustenta, desenvolve e ancora todos os aspectos de vida/sociedade que apresentamos até o momento.

---

[51] A discussão completa sobre o conceito de *cultura* foi abordada na Parte II desta obra.

[52] Thompson, John B. *Ideology and Modern Culture*, cit.

[53] Um dos antropólogos que mais contribuíram e orientaram os estudos para a análise do significado e do simbolismo foi Clifford Geertz em *A interpretação das culturas*. Geertz acredita, como Max Weber, que o homem é um animal amarrado a teias de significados que ele mesmo teceu.

[54] *Redemptoris missio*, n. 37c.

Enfim, ousamos concluir dizendo que estamos submersos na cultura midiática, especialmente porque as novas tecnologias da comunicação nos colocam em um novo território de vivência humana, em que a mente se encontra imersa em um mundo virtual, circunscrita a várias dimensões e mescladas de conexões inter-humano-digitais, mediada por complexo sistema de informações em crescimento exponencial acelerado.[55]

Sem dúvida estamos diante de uma "revolução perceptiva e cognitiva". Assim que, segundo André Lemos, a cultura contemporânea, associada às tecnologias digitais (ciberespaço, simulação, tempo real, processos de virtualização etc.), cria de forma crescente uma nova relação entre a técnica e a vida social que denominamos *cibercultura*. E, hoje, uma verdadeira estética do social cresce sob nossos olhos alimentada pelas tecnologias do ciberespaço. E conclui Lemos: "é a vida social contemporânea, enfim, que deve ser observada, não numa perspectiva de conceitos congelados, mas pela ótica do movimento caótico e sempre inacabado entre as formas técnicas e os conteúdos da vida social".[56]

Participamos, assim, de uma realidade nunca antes vivenciada, a do *Homo media*, como afirma Vicente Gosciola,[57] entendida como aquela em que "o ser humano não só está entre os meios de comunicação, mas interage com eles e neles interfere".

---

[55] Ernesto Giovanni Boccara (Instituto de Artes da Unicamp), na apresentação do livro *Roteiro para as novas mídias*, já citado neste capítulo.

[56] Lemos, Andrè. *Cibercultura – tecnologia e vida social na cultura contemporânea*. Porto Alegre, Sulina, 2002.

[57] Gosciola, Vicente. *Roteiro para as novas mídias*, cit.

Era de transformações socioculturais e comunicacionais

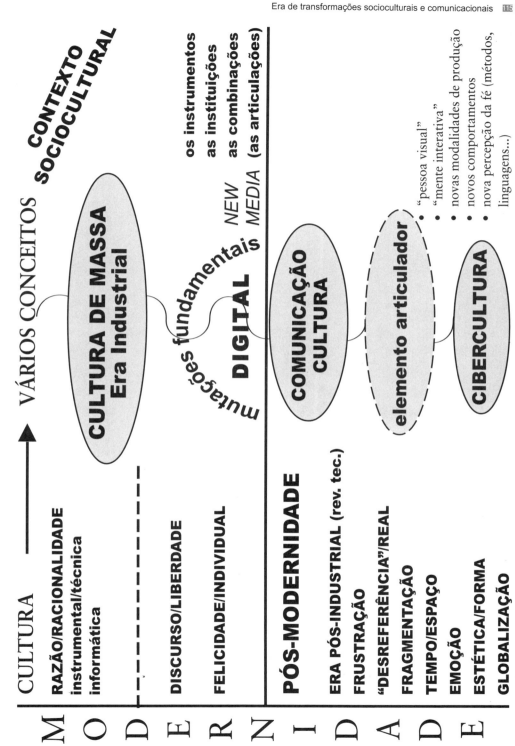

PARTE V
A idéia da comunicação na Igreja através dos séculos

Um rápido exame dos primórdios da Igreja demonstra que seu conceito de comunicação estava centrado na comunidade. Esta, composta pelos primeiros fiéis cristãos, era por si só um instrumento de comunicação. A comunidade acreditava que, através do testemunho de fraternidade entre seus membros, a fé poderia espalhar-se amplamente a outros. Este tipo de vivência haveria de diferenciá-los como uma comunidade cristã no Império Romano. Portanto, a comunidade era um meio de irradiar a fé e as crenças, e é importante que nos conscientizemos, como aponta o teólogo Leonardo Boff, de que "... nos primórdios, ensaiou-se outro modelo de comunidade, mais fraterno, circular e participado por todos".[1]

No entanto, com a expansão do cristianismo, a Igreja adotou um novo modelo de comunidade, baseado na ordem hierárquica de suas funções. Segundo Inácio de Antioquia, ela começou a funcionar em torno da tríade bispo-presbítero-diácono. L. Boff argumenta que tal modelo de Igreja foi adotado não tanto por razões de ordem teológica, mas, sobretudo, porque "se adequava mais pacificamente às formas de poder, próprias do mundo antigo e, posteriormente, feudal".[2] Nesta tríade a Igreja desenvolveria um novo conceito de funcionamento em comunidades, isto é, um modelo que pressupõe a divisão entre os membros em termos de prioridade.

O conceito de autoridade é crucial para a compreensão da relação histórica da Igreja com a comunicação.[3] A "autoridade" da Igreja, neste contexto, é

---

[1] BOFF, Leonardo. *Igreja: carisma e poder*. Petrópolis, Vozes, 1982, p. 237.

[2] Idem, ibidem, p. 237.

[3] SOARES, Ismar de O. *Do Santo Ofício à libertação*. São Paulo, Paulinas, 1988, pp. 29-30.

sinônimo de hierarquia, entendida aqui como centralização da tomada de decisões.[4] Nos 1500 anos que separam a época apostólica da Igreja (os primórdios) da era de Gutenberg, Enrico Baragli menciona 87 documentos oficiais.[5] Estes visam ditar normas a imperadores, reis, bispos e fiéis, a fim de orientá-los sobre como se posicionar diante dos escritos, livros e teatros.[6]

A atenção da Igreja volta-se para os meios de comunicação impressos, depois da introdução da imprensa. Em 1487, Inocêncio VIII publica o *Inter multiplices*, no qual define o pensamento da Igreja sobre os meios de comunicação escritos e como abordá-los. O papa estava preocupado com a vida espiritual dos católicos e via no advento da imprensa uma nova tecnologia que poderia ameaçar o controle eclesiástico da produção cultural de seu tempo. Foi também neste período que a Igreja estabeleceu um rigoroso controle, examinando os livros suspeitos de heresia (oposição aos ensinamentos da Igreja). A Inquisição — nome dado ao tribunal eclesiástico encarregado de punir todas as pessoas consideradas culpadas de ofensas contra a ortodoxia católica — tinha o direito de proibir os livros que julgasse perniciosos. As pessoas que se recusassem a mudar suas crenças eram condenadas a morrer na fogueira. Livros suspeitos eram também destruídos pelo fogo. No século XVI (1559), o papa Paulo IV publica um *Index* de autores e de livros que não podiam ser editados nem lidos. Este *Index* foi aprovado por Pio IV, confirmado pelo Concílio de Trento e somente abandonado em 1966, durante o pontificado de Paulo VI.

Ismar de O. Soares[7] sugere que a atitude da Igreja diante da comunicação baseava-se em princípios morais e atitudes defensivas, ficando sob suspeita

---

[4] O uso de "autoridade" aqui não pretende introduzir uma discussão teológica sobre o assunto. No entanto, de acordo com L. Boff, a autoridade eclesial foi encarnada de diferentes maneiras na Igreja primitiva. Por exemplo, "nas comunidades paulinas (Corinto), havia uma estrutura carismática; na comunidade de Jerusalém, uma estrutura sinagogal (conselho de presbíteros)". Em outras comunidades, a autoridade estava centrada nos delegados apostólicos e significava realmente "serviço". O Concílio Vaticano II (1962-1965) enfatiza uma prática de autoridade na Igreja centrada na idéia de colegialidade, não apenas em âmbito episcopal, mas em todos os níveis eclesiais. De acordo com L. Boff, quando alguém fala na Igreja enquanto uma instituição, não se refere à comunidade dos fiéis, mas à organização dessa comunidade "com sua hierarquia, poderes sagrados, dogmas, ritos, cânones e tradições". Portanto, a organização institucional da comunidade "responde às necessidades de estabilidade, identidade, difusão do Evangelho, assistência interna, governo etc." Assim, "nenhuma comunidade pode existir sem uma institucionalização que garanta a sua unidade, coerência e identidade". Segundo Boff, não há negação da autoridade na Igreja como instituição. (Boff, op. cit.)

[5] Os documentos da Igreja apresentam-se com diferentes nomes, de acordo com seus propósitos. Por exemplo, "encíclica" é uma carta do papa dirigida a todas as comunidades dos fiéis. Os "decretos" são documentos de significado prático, expondo disposições disciplinares. Diferem das "constituições", que apresentam visões teológicas abrangentes, com verdades doutrinárias. "Declaracões" são definições de princípios particulares (BURKE, T. "Communications". *The Documents of Vatican II*. New York, Association Press, 1966, p. 137).

[6] BARAGLI. Enrico. *Comunicazione, comunione e chiesa*. Roma, Studio Romano della Comunicazione Sociale, 1973, pp. 54-113.

[7] Soares, op. cit.

até o final do século XIX. No entanto, isto começa a mudar com o pontificado do papa Leão XIII (1878-1903). Na história da Igreja, esta foi uma época de grande desenvolvimento, marcada por uma nova fase da vida eclesial, voltada em direção ao mundo.

Romeu Dale assinala que a importância desse período não está no conteúdo dos documentos publicados pela Igreja, todos, em geral, na linha dos precedentes. O significado especial desse período está na abertura de atitudes em relação à imprensa. Por exemplo, a primeira audiência coletiva concedida por um papa a jornalistas ocorreu em fevereiro de 1879. Embora Leão XIII mantivesse o padrão de seus predecessores quanto aos ensinamentos,[8] ele avançou em busca de um diálogo. Porém, o que mais caracterizou Leão XIII foi sua abordagem, que ia além das lamentações oficiais do passado. Ele enfatizou que era necessário opor "escrito a escrito", "publicação a publicação", e falou muitas vezes dessa postura aos bispos de diferentes regiões.

Nesse sentido, a Igreja Católica começou a proclamar a fé cristã através dos meios ao seu dispor, como vias alternativas para difundir sua missão.[9] A postura eclesial era a de usar as tecnologias dos meios de comunicação como um "campo de batalha". A Igreja raciocinou do seguinte modo: se a sociedade estava utilizando os meios de comunicação social para difundir o mal, então a Igreja também deveria usar esses mesmos recursos para difundir a boa mensagem, de modo a combater esse mal.[10]

Esta posição foi desautorizada durante o pontificado de Pio X que, em *Pieni D'Animo* (1906) e em *Pascendi* (1907), expressou uma visão mais conservadora da imprensa. A encíclica *Pieni D'Animo*, por exemplo, proíbe os seminaristas de lerem jornais e relembra aos sacerdotes que não deveriam escrever para revistas ou jornais sem licença, mesmo tratando-se de material puramente técnico. Querendo precaver-se contra idéias modernistas, como o evolucionismo e o positivismo, Pio X introduz o *imprimatur* e o *nihil obstat*. Em outras palavras, cada diocese deveria montar um departamento de censura para avaliar e aprovar os trabalhos a serem publicados.

Enquanto as cautelas adotadas por Pio X seguiam o padrão dos papas anteriores, a introdução de novas tecnologias de comunicação espantava o clero com sua capacidade de influir na "opinião pública". Os religiosos viam que

---

[8] Encíclicas *Immortale Dei* (novembro de 1885), em Baragli, op. cit., pp. 308-311; e *Officiarum ac Munerum* (fevereiro de 1897), em Dale, R. *Igreja, comunicação social*, São Paulo, Paulinas, 1972, pp. 77-81.

[9] MELO, José Marques de. "Igreja e comunicação". In: *Comunicação, Igreja e Estado na América Latina* (Ismar O. Soares e Joana T. Puntel (orgs.). São Paulo, Paulinas, 1985, p. 62.

[10] SPOLETINI, Benito. *A missão num mundo em mudança*. São Paulo, Paulinas, 1983, p. 144.

as novas tecnologias do cinema, do rádio e da televisão poderiam aumentar as relações entre os grupos sociais. Ismar de O. Soares assinala:

> A Igreja Católica praticamente reduziu sua apreciação das novas realidades ao julgamento que delas fazia sob a ótica da moralidade. Mais ainda: o clero assumiu como missão interferir no processo, formulando projetos de controle moral sobre essa mesma opinião publica.[11]

A Igreja teve sérias dificuldades em reconhecer os valores positivos dos meios de comunicação e em perceber suas potencialidades para atuar como instrumentos na defesa da dignidade dos seres humanos.

De qualquer maneira, apesar de sua forte atitude negativa, a Igreja começou, lenta e gradualmente, a perceber a utilidade dos meios eletrônicos de comunicação na difusão de suas mensagens e a servir-se deles. Durante o período de 1878 a 1939, a Igreja mostrou alguma flexibilidade em relação à imprensa e às novas tecnologias de comunicação, particularmente ao cinema e ao rádio,[12] mas ainda se movia com cautela. A evolução do cinema no início do século XX impressionou Pio XI, que se tornou pessoalmente interessado na recente invenção; essa nova tecnologia de comunicação levou-o a criar a Organização Católica Internacional para o Cinema (OCIC), em 1928. Sua encíclica *Vigilanti Cura* (1936) menciona o poder e o potencial do cinema como tecnologia de comunicação, mas parece mais interessada no impacto psicológico e moral que ele poderia ter sobre os indivíduos e a sociedade.[13] Realmente, alguns progressos já tinham sido alcançados em relação à atitude defensiva da Igreja, mas não havia ainda confiança plena no novo meio, nem mesmo uma tentativa de abordá-lo de maneira diferente e mais positiva.[14]

Passaram-se vários anos e houve muitas discussões para mudar as opiniões da Igreja sobre os meios de comunicação, considerados simplesmente meios de difusão de mensagens negativas e "do mal". Foi somente com o papa Pio XII (1939-1958) que a Igreja aprofundou e ampliou suas reflexões sobre as relações sociais dentro de uma sociedade democrática e sobre o papel da informação na constituição da opinião. De fato, o tema da opinião pública foi abordado em muitas palestras de Pio XII aos profissionais da comunicação. Convencido da influência dos meios de comunicação de massa e de seu grande

---

[11] Soares, op. cit., p. 72

[12] Por exemplo, a rádio Vaticana foi fundada em fevereiro de 1931, sob o pontificado de Pio XI.

[13] Anteriormente a esta abordagem oficial, em *Vigilanti cura*, Pio XI havia se referido ao cinema em várias ocasiões, especialmente em suas encíclicas *Divini illius magistri* (1929) e *Casti connubii* (1930).

[14] Spoletini, op. cit, p. 144.

significado, Pio XII escreveu a proeminente encíclica *Miranda prorsus* (1957), sobre comunicação, destacando o cinema, o rádio e a televisão. O interesse da Igreja pelo cinema foi demonstrado durante o pontificado de Pio XII: houve 46 diferentes intervenções sobre o cinema, que mostravam o interesse crescente da Igreja pelo papel das ciências sociais, especialmente a sociologia e a psicologia, na interpretação dos fenômenos cinematográficos.[15]

Comunicação: primeira vez em um Concílio

Para apresentar e relevar alguns pontos específicos na trajetória da Igreja e dos meios de comunicação social, a partir do Concílio Vaticano II, delineamos rapidamente a recepção que a comunicação, em si, teve na então Assembléia Universal, que reuniu representantes de Igrejas de todos os continentes. Apesar de suas tendências e da dominação do pensamento europeu, especialmente da Europa central,[16] o Vaticano II constituiu-se no mais importante evento da Igreja Católica do século passado. Realizado de outubro de 1962 a dezembro de 1965, foi o vigésimo primeiro concílio ecumênico depois de um intervalo de 92 anos (o Vaticano I ocorreu em 1870).

Por ter-se caracterizado como uma assembléia da cúpula eclesiástica para deliberar sobre assuntos de doutrina e missão da Igreja no mundo, o Vaticano II foi decisivo na tentativa de a Igreja reconhecer e entender o mundo no qual vivemos, com expectativas, anseios e características. Foi assim que o documento *Gaudium et spes* [Sobre a Igreja no mundo de hoje] chamou a atenção a respeito da nova postura da Igreja sobre a justiça e da transformação da sociedade como uma dimensão fundamental da evangelização.

Detectar as tendências da Igreja nos anos que se seguiram ao Vaticano II é de grande importância, embora não objeto específico da presente reflexão. Entretanto, é conveniente acenar que, enquanto João Paulo II afirma que o Vaticano II continua sendo o acontecimento fundamental da Igreja moderna, a apreciação do Concílio pelos diversos países revela uma diversidade de opiniões. Haja vista os sínodos dos bispos, nos vários continentes. E dentro da reflexão dos sínodos, o lugar da comunicação: "minúscula" ou "tradicional".[17]

---

[15] Baragli, op. cit., p. 572. Maiores comentários em Soares, op. cit., p. 80.

[16] BEOZZO, José Oscar. A recepção do Vaticano II na Igreja do Brasil. In: *Presença pública da Igreja no Brasil*. São Paulo, Paulinas, 2003, p. 426.

[17] Com exceção do Sínodo da África cujo documento *Ecclesia in Africa* soube avançar na tentativa de fazer a Igreja compreender a comunicação dentro do avanço cultural e não simplesmente tecnológico.

"Inter mirifica": aceitação oficial da Igreja dos meios de comunicação[18]

O decreto *Inter mirifica* é o segundo dos dezesseis documentos publicados pelo Vaticano II. Aprovado em 4 de dezembro de 1963, assinala a primeira vez que um concílio geral da Igreja se volta para a questão da comunicação. De fato, este documento tem grande importância, muito mais por sua forma do que por seu conteúdo. Pela primeira vez, um documento universal da Igreja assegura a *obrigação* e o *direito* de ela utilizar os instrumentos de comunicação social. Além disso, o *Inter mirifica* também apresenta a primeira orientação geral da Igreja para o clero e para os leigos sobre o emprego dos meios de comunicação social. Havia agora uma posição oficial da Igreja sobre o assunto:

> A Igreja Católica, tendo sido constituída por Cristo Nosso Senhor, a fim de levar a salvação a todos os homens e, por isso, impelida pela necessidade de evangelizar, considera como sua obrigação pregar a mensagem de salvação, também com o recurso dos instrumentos de comunicação social, e ensinar aos homens seu correto uso. Portanto, pertence à Igreja o direito natural de empregar e possuir toda sorte desses instrumentos, enquanto necessários e úteis à educação cristã e a toda a sua obra de salvação das almas... (IM, n. 3).

O documento refere-se aos instrumentos de comunicação, tais como imprensa, cinema, rádio, televisão e outros meios semelhantes, que também podem ser propriamente classificados como meios de comunicação social (IM, n. 1). Ao enumerar esses meios, no entanto, o decreto refere-se ao que fora comumente classificado como meio de comunicação de massa até aquela data. Nenhuma atenção é dada, no documento, às forças que articulam os meios de comunicação: por exemplo, anúncios, *marketing*, relações públicas e propaganda.[19]

Com a finalidade de demonstrar quanto e como o tema *comunicação* se posicionava naquele período histórico da Igreja, e qual era sua compreensão sobre tal assunto, faz-se necessário observar que o decreto *Inter mirifica* foi preparado antes da primeira sessão do Vaticano II pelo Secretariado Preparatório para a Imprensa e Espetáculos (novembro de 1960 a maio de 1962). O esboço do documento foi aprovado pela Comissão Preparatória Central do Concílio. Posteriormente, em novembro de 1962, o documento foi debatido na primeira sessão do Concílio e o esquema, aprovado, mas o texto foi considerado muito vasto. A drástica redução do texto é permeada por profundas conota-

---

[18] PUNTEL, op. cit., pp. 53-62.

[19] BURKE, Thomas. "Communications", *The Documents of Vatican II*. New York, Guild Press, 1966, p. 319.

ções e deixa margem às mais variadas conclusões. Durante o primeiro período conciliar, o texto de 114 artigos foi reduzido a 24 artigos e submetido novamente à assembléia em novembro de 1963. A apuração dos votos registrou 1598 sins contra 503 nãos. Entretanto, ao contrário de demonstrar que isto seria um "ganho folgado", é preciso relevar que o *Inter mirifica* foi o documento do Vaticano II aprovado com o maior número de votos contrários.[20]

O alto nível de oposição ao decreto, segundo o estudioso Baragli, foi atribuído à publicação simultânea de várias críticas ao documento, feitas por jornalistas em diversos jornais influentes da Europa e dos Estados Unidos. Houve três correntes de crítica: uma francesa, outra norte-americana e uma terceira, alemã. A crítica francesa se opôs ao esquema do decreto durante a assembléia dos bispos franceses. Suas críticas tiveram eco imediato em R. Laurentin, no *Le Figaro*; H. Fesquet, no *Le Monde*; e A. Wenger e N. Copin, na *La Croix*. Este último escreveu: "O esquema carece de conteúdo teológico, de profundidade filosófica e de fundamento sociológico".[21] Naturalmente, sempre que se perde de vista a interdisciplinaridade da comunicação, a tentação é compreendê-la ou reduzi-la de acordo com esta ou aquela disciplina. Também atualmente se poderia aprofundar muito o diálogo entre comunicação e teologia, se trilhássemos caminhos desprovidos de reduções e preconceitos.

A segunda corrente, norte-americana, iniciou sua ação na Agência de Imprensa *US Bishop's Press Panel*, em 14 de novembro de 1963. O que se afirmava era que o documento não traria mudanças significativas, uma vez que o texto "não continha posições inovadoras". Dizia-se que o documento proclamava oficialmente "um conjunto de pontos previamente afirmados e pensados em nível mais informal".[22] A surpresa dos jornalistas norte-americanos residia também, e especialmente, no artigo 12 do decreto, que trata da liberdade de imprensa.[23] Decididos a fazer com que o documento não fosse aprovado, os jornalistas americanos elaboraram um folheto mimeografado, no qual o esquema era julgado vago e trivial, falando de uma imprensa inexistente, vista apenas como uma exortação pastoral. Chegaram a alertar que o decreto, "assim como está agora", demonstrava à posteridade a incapacidade do Vaticano II de enfrentar os problemas do mundo atual.[24]

---

[20] BARAGLI, E. *L'Inter mirifica* (Roma, Studio Romano della Comunicazione Sociale, 1969). Baragli foi um dos membros da Comissão Preparatória deste documento.

[21] Idem, ibidem, p. 144.

[22] Idem, ibidem.

[23] Para maiores informações sobre a presente questão, pode-se consultar a tese de doutorado de Joana T. Puntel, op. cit.

[24] Mensagem dos jornalistas norte-americanos distribuída na praça São Pedro, em 16 de novembro de 1963, citada em Baragli, *L'Inter mirifica*, p. 168.

A oposição alemã, assinada por 97 padres de diferentes regiões, manifestou-se em 18 de novembro, mediante uma carta dirigida à Décima Comissão Conciliar, responsável pela redação do documento, propondo um novo estudo e um novo esquema. O grupo alemão também lançou uma circular, que foi distribuída na praça São Pedro momentos antes da sessão conciliar. A circular caracterizava-se pelo pedido aos bispos para que optassem pelo *non placet* (não satisfaz), porque o esquema era indigno de figurar entre os decretos conciliares, pois não refletia os anseios do povo e dos entendidos no assunto.

A manifestação pública dos jornalistas franceses, americanos e alemães teve forte influência sobre os bispos participantes do Vaticano II. Como mencionamos previamente, o *Inter mirifica* foi aprovado com o maior número de votos negativos dado a um documento do Vaticano II.

Ainda que o texto original do *Inter mirifica* tenha sido tão reduzido, o documento foi mais positivo e mais matizado do que os demais documentos pré-conciliares.[25] Os 24 artigos que compõem o decreto conciliar estão assim divididos: uma breve introdução (2 artigos); o capítulo 1, com 10 artigos destinados à doutrina; o capítulo 2, com 10 artigos referentes à ação pastoral; e os 2 artigos da conclusão.

A introdução utiliza os termos "instrumentos de comunicação social",[26] preferindo-os a "meios audiovisuais", técnicas de difusão (expressão usada correntemente na França naquela época), "meios de informação", "*mass media*" ou "*mass communication*". Tal preferência baseou-se no fato de que o decreto queria referir-se a todas as tecnologias de comunicação.

Depois, o Vaticano II usou um conceito de tecnologia que não se atinha apenas às técnicas ou à difusão destas, mas incluía os atos humanos decorrentes, que são, no fundo, a principal preocupação da Igreja em seu trabalho pastoral. Do mesmo modo, a expressão "comunicação social" foi preferida aos termos *mass media* e *mass communication*, que parecem discutíveis e ambíguos por sugerirem a "massificação", como se esta fosse decorrência inevitável da utilização dos instrumentos de comunicação social. A Igreja quis assumir assim uma visão mais otimista da comunicação diante das "questões sociais".

Em outras palavras, quis não apenas abarcar o fator técnico, mas também o aspecto humano e relacional, isto é, o agente que opera as técnicas (e os que as recebem), além da consideração dos instrumentos de comunicação. Tal intenção foi, sem dúvida, importante, mas ao longo de sua história e, ainda

---

[25] MILLS, John O. "God, man and media: on a problem when theologians speak of the modern world". In: *Sociology and theology – aliance and conflict*. New York, St. Martin's Press, 1980.

[26] As diferentes traduções do *Inter mirifica* usam muitas vezes "meios" em lugar de "instrumentos", e de "massa" em vez de "social".

hoje, a Igreja continua, em grande parte, "presa" ao discurso dos instrumentos, à utilização das técnicas, enquanto o discurso da comunicação já se tornou mais amplo e complexo, incluindo uma gama de variedades e interferências na cultura midiática atual.

Nos parágrafos introdutórios do primeiro capítulo, o *Inter mirifica* assegura, pela primeira vez em um documento universal da Igreja, a obrigação e o *direito* de a Igreja usar os instrumentos de comunicação social (IM, n. 3).

> A Igreja Católica foi encarregada por Jesus Cristo de trazer a salvação [...] para proclamar o Evangelho. Conseqüentemente, ela julga que seja parte de seu dever pregar a Boa-Nova da redenção com o auxílio dos instrumentos de comunicação social [...]. Por essa razão, a Igreja reivindica, como direito inato, o uso e a posse de todos os instrumentos desse gênero, que são necessários e úteis para a formação cristã e para qualquer atividade empreendida em favor da salvação do homem (IM, n. 3).

Houve surpresa por parte de alguns críticos, como J. Vieujean,[27] com o fato de que um documento conciliar começasse por afirmar os direitos da Igreja no uso dos instrumentos de comunicação. Entretanto, é o próprio Baragli quem argumenta que, já que o primeiro capítulo abordava as premissas da doutrina da Igreja, esse era o lugar ideal no documento para tal afirmação. Tratava-se de uma imposição lógica, concernente à própria estrutura do documento. Segundo Baragli, a ênfase deveria ser colocada em "direito inato" (*nativum*), que não deve ser entendido como direito de posse, mas como parte da missão da Igreja de educar e de contribuir para o desenvolvimento da humanidade. A última, mas não menos importante razão para tal afirmação, era o fato de que o direito inato da Igreja ao uso e à posse de todas as tecnologias de comunicação tinha sido negado em vários países sob regimes totalitários.

A maior contribuição do *Inter mirifica*, no entanto, foi sua assertiva sobre o *direito de informação*:

É intrínseco à sociedade humana o direito à informação sobre aqueles assuntos que interessam aos homens e às mulheres, quer tomados individualmente, quer reunidos em sociedade, conforme as condições de cada um (IM, n. 5).

Considerado, provavelmente, a mais importante declaração do documento, este trecho demonstra que o direito à informação foi visto pela Igreja não como um objeto de interesses comerciais, mas como um bem social. Dezessete anos depois o Relatório MacBride – *Many voices, one world: communication and society today and tomorrow* [Muitas vozes, um só mundo: comunicação e sociedade agora e no futuro] (Unesco, 1980) iria além do "direito à informação" ao defender o "direito à comunicação".

---

[27] Citado por Baragli, *L'Inter mirifica*, op. cit., p. 313.

A comunicação, atualmente, é material de direitos humanos. Mas é interpretada cada vez mais como um direito à comunicação, indo além do direito de receber comunicação ou de ter acesso à informação (MacBride 172).[28]

O primeiro capítulo do *Inter mirifica* também aborda temas como a opinião pública, já considerada anteriormente por Pio XII. E dirige-se ao público em geral, não apenas ao que está ativamente envolvido com os meios de comunicação, mas também ao receptor das mensagens.

O artigo 12 foi um dos mais polêmicos: analisa o dever da autoridade civil de defender e tutelar uma verdadeira e justa liberdade de informação. Este artigo foi interpretado, especialmente por alguns jornalistas americanos, como contrário à liberdade de imprensa. Realmente, o *Inter mirifica* justifica a interferência do Estado, a fim de proteger a juventude contra a "imprensa e os espetáculos nocivos à sua idade" (IM, n. 12).

Por outro lado, o artigo 12 não é bem claro mesmo em sua língua original (latim), pois fala da *civilis auctoritas* (autoridade civil), em um lugar, e, mais além, da *publica potestas* (poder público). O decreto usa ambos os termos com o mesmo sentido, mas a tradução, em diversas línguas, acabou por reduzi-los à "sociedade civil". No entanto, atribuir direitos e deveres à sociedade civil não parece ser a mesma coisa que atribuí-los às autoridades públicas, aos governos. Fica patente, neste artigo 12, que a Igreja deveria ter feito mais pesquisas sobre o assunto e ter contado com a assessoria de peritos nessa área, mesmo católicos, de modo a oferecer soluções mais adequadas à proposta de *aggiornamento*.[29]

Aliás, esta parece ser uma "falha" que permanece na Igreja, salvo certos casos ou posições de algumas Conferências Episcopais. A comunicação é interdisciplinar, mas tem seu discurso histórico e sociocultural próprio a ser considerado quando a Igreja aborda essa temática, para que não aconteça que a comunicação seja vista somente pelo viés de certas disciplinas que não conhecem ou reduzem a comunicação ao "uso" ou "consumo" existente na sociedade de hoje. A comunicação é bem mais ampla e complexa.

O segundo capítulo do *Inter mirifica* volta-se para a ação pastoral da Igreja em relação aos instrumentos de comunicação social. Nesta parte pastoral do decreto, tanto o clero quanto o laicato são convidados a empregar os instrumentos de comunicação no trabalho pastoral. Enumeram-se, então, diretrizes gerais, referentes à educação católica, à imprensa católica e à criação de secretariados diocesanos, nacionais e internacionais, de comunicação social ligados à Igreja (IM, nn. 19-21).

---

[28] É importante notar também que a abordagem do *Relatório MacBride* sobre o direito de comunicar foi um apelo importante à democratização da comunicação.

[29] Soares, op. cit.

Medidas são sugeridas para que se consagre um dia por ano à instrução do povo no que tange à reflexão, discussão, oração e deveres em relação às questões de comunicação — Dia Mundial das Comunicações (IM 18). Do mesmo modo, determinou-se a elaboração de uma nova orientação pastoral sobre comunicação, "com a colaboração de peritos de várias nações", sob a coordenação de um secretariado especial da Santa Sé para a comunicação social (IM, n. 23).

Embora, o papa Paulo VI afirme que o *Inter mirifica* não "foi de pouco valor", os comentaristas concordam com o fato de que, se este decreto tivesse sido discutido mais no final do Concílio, após as muitas sessões consagradas à Igreja no mundo moderno e à liberdade religiosa, o texto do *Inter mirifica* teria sido particularmente mais enriquecido. Como querem alguns, o decreto olhou para o passado e não para o futuro, olhou para dentro e não para fora; não aproveitou as realizações criativas do profissionalismo e da prática secular em comunicação de massa.[30]

Apesar de tantas limitações, é mais do que justo ressaltar os aspectos positivos do *Inter mirifica*, os quais, ao longo destes quarenta anos, transformaram-se em objeto de atenção por parte da Igreja e se desenvolveram em dimensões maiores ou menores, segundo o interesse e a "inculturação" da Igreja nas mais diversas realidades, incluindo o Brasil.

Em resumo, esse decreto pode ser considerado um *divisor de águas* em relação à mídia, e não um fim em si mesmo.[31] Foi a primeira vez que um concílio ecumênico da Igreja abordou o assunto da comunicação, dando independência ao tema dentro da Igreja. Fez também um avanço em relação aos documentos anteriores ao conferir à sociedade o direito à informação (IM, n. 5), à escolha livre e pessoal, em vez da censura e da proibição (IM, n. 9). Além de reconhecer que é dever de todos contribuir para a formação das dignas opiniões públicas (IM, n. 8), o decreto assume os instrumentos de comunicação social como indispensáveis para a ação pastoral. Finalmente, o *Inter mirifica* oficializa o Dia Mundial das Comunicações, o único indicado por um Concílio da Igreja.

Nos passos do Concílio

Como resposta pastoral ao decreto *Inter mirifca* (1963), o papa Paulo VI promulgou, em 1971, a instrução *Communio et progressio*. Trata-se de um documento pastoral da Igreja que não tem caráter dogmático. Não é uma encíclica, nem um documento conciliar da Igreja, como o *Inter mirifica*. A *Communio et progressio* foi escrita pela Comissão Pontifícia para os Meios de Comu-

---

[30] Burke, op. cit.

[31] Soares, op.cit.

nicação Social. De fato, o nome completo do documento é "Instrução pastoral para a aplicação do Decreto do Concílio Ecumênico Vaticano II sobre os meios de comunicação social". O documento, marcado pela abertura que caracterizou os documentos do Concílio, mas sobretudo a evolução das mentalidades nos anos seguintes, desenvolve-se em 187 artigos e distingue-se do decreto *Inter mirifica* particularmente por seu estilo.

Naturalmente, o texto retoma as grandes convicções do *Inter mirifica* em relação à mídia, completando-as e apresentando-as de uma forma mais coerente e compreensível. A instrução é relevante, ainda, por seu tom e pelo desenvolvimento dos caminhos pelos quais a ação pastoral deve utilizar os meios de comunicação: a esperança e o otimismo são dominantes e o caráter moralizador e dogmático desaparece.

Sobressai no documento, como uma de suas características principais, o fato de que ausculta a sociedade contemporânea, levantando questões sobre a presença das tecnologias da comunicação no mundo circundante: "... a Igreja deve saber como reagem nossos contemporâneos, católicos ou não, aos acontecimentos e correntes de pensamento atuais" (CP, n. 122). Uma terceira característica desse documento é que ele considera as peculiaridades de cada veículo de comunicação, inclusive o teatro. Leva em conta a situação psicossocial dos usuários na elaboração de projetos de comunicação para a Igreja, pois "todos esses fatores exigem, por parte da pastoral, uma atenta consideração" (CP, n. 162) e o povo deve ser atendido por um "pessoal bem preparado" (CP, n. 162). Finalmente, a *Communio et progressio* ressalta que a comunicação social é um elemento que articula qualquer atividade da Igreja, reconhecendo a legitimidade da formação da opinião pública dentro dela.[32]

Embora a *Communio et progressio* represente um avanço positivo e vá além da *Inter mirifica*, coloca-se em outra posição: a mídia não é mais vista como um perigo, mas como uma força benéfica; e também foge de um discurso moralista, atenuando a maneira dogmática de abordar a mídia e criando condições e espaços para levar em consideração as diferentes tendências da sociedade moderna. Por outro lado, o documento louva a idéia do progresso tecnológico, mas perpassado de idealismo. O texto trata da mídia como se ela fosse destinada a desenvolver-se em uma sociedade na qual não há tensão interna.

Neste contexto de "idealismo", o documento também negligencia o que se poderia chamar de "função ideológica" dos meios de comunicação. Por exemplo, críticos contemporâneos disseram que os meios de comunicação são instrumentos de dominação ideológica, em favor das classes dominantes: a partir

---

[32] Para análise completa da instrução pastoral *Communio et progressio*, pode-se consultar. Puntel, op. cit.

daí, a mídia distorce informações relevantes, permitindo a manipulação da consciência e da opinião públicas.[33] Haja vista a recente cobertura da Guerra do Iraque, tão evidente que dispensa comentários.

Sem dúvida os instrumentos de comunicação oferecem tecnologias importantes para incrementar a missão da Igreja, como foi expresso pelo *Inter mirifica* e pela *Communio et progressio*, mas a natureza e a extensão de sua importância somente podem ser percebidas confiavelmente dentro do contexto da sociedade como um todo (Curram, 1977). Há um consenso crescente entre os sociólogos da mídia de que, por exemplo, "os modos de comunicação... são determinados pela estrutura das relações sociais" (Murdock e Golding, 1977), e de que está sendo dada grande atenção por parte dos pesquisadores ao exame do papel das organizações de mídia (Elliot, 1972) e à utilização desta por interesses economicamente dominantes (Burns, 1977).[34]

De 1971 a 1992, a Igreja praticamente silenciou em termos de documentos sobre a comunicação.[35] São 21 anos, numa época caracterizada por profundas transformações no campo midiático em que assistimos à passagem da era analógica para a era digital. Enfim, em 1992 veio a instrução pastoral *Aetatis novae*, breve se comparada à *Communio et progressio*, e que sintetiza aspectos e elementos fundamentais no campo da comunicação, fazendo emergir, sobretudo, a necessidade de uma pastoral, seja "da" como "na" comunicação. A *Aetatis novae*, à luz dos documentos precedentes, estimula, encoraja, apresenta princípios e perspectivas pastorais e planos para uma eficiente pastoral da comunicação.[36]

Igreja: a trajetória e a prática na reprodução simbólica (comunicação)

Quando se examina a história da comunicação da Igreja, em uma perspectiva da história social ou das relações entre a Igreja e a comunicação, pode-se identi-

---

[33] HALL, Stuart. Culture, the media and the "Ideological effect". In: CURRAN, James et al. (ed.). *Mass communication and society*. London, Edward Arnold, 1977.

[34] Todos estes autores são citados em Mills, op. cit., p. 139. Tais autores refletem o pensamento da pesquisa sobre a comunicação existente na sociedade contemporânea à Instrução *Communio et progressio*.

[35] É justo dizer, entretanto, que anualmente, por ocasião do Dia Mundial das Comunicações, o papa apresenta uma mensagem, na qual se pode, também, colher o pensamento do magistério sobre a comunicação.

[36] Outros documentos da Igreja sobre a Comunicação se seguiram, nos passos do Concílio, como *Ética da publicidade* (1997), *Ética nas comunicações sociais* (2000), *Igreja e Internet* (2002), *Ética na Internet* (2002), entre outros, sendo todos publicados pela editora Paulinas. Tais documentos, entretanto, não serão objeto específico desta nossa consideração.

ficar, sinteticamente, quatro fases bem definidas.[37] No momento atual, ousaríamos acrescentar uma quinta fase em tal trajetória, como elucidaremos mais adiante.

Tais fases são colocadas no contexto dos novos instrumentos de reprodução simbólica, iniciando com a imprensa no século XV, de maneira que os novos meios de transmissão do saber vão sendo absorvidos, utilizados e instrumentalizados de acordo com o paradigma de comunicação da época. Acompanhando, então, as mudanças históricas que forçaram transformações na estrutura organizacional, tanto na sociedade como na Igreja, dá-se um confronto da instituição eclesial com os meios de comunicação. Assim, temos a *primeira fase*, caracterizada por um comportamento da Igreja orientado para o exercício da censura e da repressão. Período extenso e intenso projetado por meio da Inquisição. Nesta fase, a Igreja é a intermediária entre a produção do saber (não somente o teológico) e sua difusão na sociedade.

Uma *segunda fase* demonstra mudanças profundas caracterizadas pela aceitação desconfiada dos novos meios. O exercício do controle sobre a imprensa, a vigilância sobre o cinema e rádio marcaram a trajetória da Igreja na época. Entretanto, a sociedade, que se transformava rapidamente, impelia a Igreja a "adaptar-se aos novos tempos" e o comportamento eclesial sofreu alterações: "começa a aceitar, ainda que desconfiadamente, os meios eletrônicos". Sobretudo, começa a fazer uso, a servir-se dos meios para a difusão das suas mensagens.

Na *terceira fase*, encontramos um ritmo veloz: é a velocidade com que as transformações sociais e tecnológicas acontecem. O imperativo para a Igreja "acertar o passo" e adaptar-se ao mundo contemporâneo apresenta-se sob a necessidade imperiosa de *aggiornamento* que emerge do Vaticano II. No campo da comunicação, dá-se uma mudança brusca de rota, se comparada ao comportamento anterior. Trata-se, até certo ponto, de um "deslumbramento ingênuo", segundo Marques de Melo, porque a atitude da Igreja moldava-se pela recusa da comunicação. "De repente, ela assume a postura de que é preciso evangelizar [...] utilizando os modernos meios de comunicação. [...] Admite que a tecnologia da reprodução eletrônica pode ampliar a penetração da mensagem eclesial..."[38]

A *quarta fase* refere-se, sobretudo, à América Latina, depois de Puebla, e distingue-se pelo "reencontro do povo pela Igreja". Revela uma "redescoberta da comunicação, em toda a sua plenitude". Acontece, então, a superação do "deslumbramento ingênuo". A Igreja adota uma postura crítica, iniciando por repensar a comunicação e por deixar de "acreditar que a tecnologia pode resol-

---

[37] O estudo das quatro fases aqui apresentado baseou-se na análise de José Marques de Melo, "Igreja e comunicação" em Ismar O. Soares e Joana T. Puntel (orgs.), *Comunicação, Igreja e Estado na América Latina*. São Paulo, UCBC/Paulinas, 1985.

[38] Idem, ibidem, pp. 62-63.

ver os problemas da ação evangélica". A Igreja busca novos padrões (é o tempo forte das comunidades eclesiais de base) pelos quais incentiva e respalda experiências de comunicação do próprio povo, providenciando e facilitando para que seus próprios meios sejam a voz dos que não têm voz. É o momento em que se estimula a criação de meios populares de comunicação, pois vivia-se sob a ditadura militar.[39]

O que não poderíamos deixar de considerar, entretanto, é o fundamental aspecto que constituiu (e constitui) a grande "reviravolta" da reflexão do magistério eclesial em relação ao mundo da comunicação e que consideramos a *quinta fase da relação Igreja-comunicação*.

Uma reviravolta de pensamento?

Um estudo mais aprofundado das orientações da Igreja nos leva a perceber que na história dos documentos e pronunciamentos do magistério, com respeito às comunicações sociais, uma significativa evolução de pensamento começa a tomar corpo.

Mesmo no que diz respeito aos *new media*, a Igreja começa a expressar-se com mais clareza a respeito do impacto que eles têm na construção social, tanto que a Igreja passa a refletir sobre a comunicação (e aqui está a novidade!) não mais de forma restrita ou somente como "meios" ou "instrumentos" (isolados) a serem usados ou dos quais se precaver. Mas refere-se a um "ambiente", no qual estamos imersos e do qual participamos. Trata-se de uma cultura. A *cultura midiática*.

Vamos encontrar a iluminante "revolução" de pensamento não em um documento específico sobre a comunicação, mas em um texto dedicado ao novo enfoque de missão da Igreja no mundo atual, a encíclica *Redemptoris missio* (1990) que, ao referir-se aos novos "areópagos" modernos como lugar de evangelização (missão), coloca o mundo da comunicação em primeiro lugar e insiste no novo contexto comunicativo como uma "nova cultura". Assim afirma o documento:

> O primeiro areópago dos tempos modernos é o *mundo das comunicações* [...]. Os meios de comunicação social alcançaram tamanha importância que são para muitos o principal instrumento de informação e formação, de guia e inspiração dos comportamentos individuais, familiares e sociais [...]. Talvez se tenha descuidado um pouco este areópago: deu-se preferência a outros instrumentos para o anúncio evangélico e para a formação, enquanto os *mass media* foram deixados à iniciativa de particulares ou de pequenos grupos, entrando apenas secundariamente na programação pastoral. *O uso dos mass media, no entanto, não tem somente a finalidade de multiplicar o anúncio do Evangelho*:

---

[39] Idem, ibidem.

trata-se de um fato muito mais profundo porque a própria evangelização da cultura moderna depende, em grande parte, da sua influência. *Não é suficiente, portanto, usá-los para difundir a mensagem cristã* e o magistério da Igreja, *mas é necessário integrar a mensagem nesta "nova cultura"*, criada pelas modernas comunicações. É um problema complexo, pois esta cultura nasce, menos dos conteúdos do que do próprio fato de existirem novos modos de comunicar com novas linguagens, novas técnicas, novas atitudes psicológicas... (RM, n. 37c).[40]

Tal referência ao magistério eclesial é sinal de uma "mudança" na compreensão da relação entre Igreja e mídia: não mais desconfiança, nem simples lógica instrumental. A Igreja afirma o modo de comunicar de forma inculturada "na" e "pela" "cultura midiática". É uma expressão que carrega um novo conceito seja para o esforço e o estímulo em usar os *media*, seja para disponibilizar cursos de formação para aprender a usar os *new media*.

Trata-se, porém, *de algo mais*, um ir além: depois do período do "uso" (e do desprezo e rejeição por parte de alguns), chegou o momento de adquirir mais profundamente a cultura e a linguagem dos *media*. Portanto, a novidade dos últimos documentos da Igreja consiste em compreender os *media* como uma *cultura* dos nossos tempos.[41] De fato, vivemos em uma nova "mídia-esfera", "onicompreensiva" e global, que representa "a nova infra-estrutura no interior da qual a humanidade está criando novas redes de comunicação e relação, e ao mesmo tempo está lutando para conservar certo senso de dignidade humana".[42]

---

[40] A ênfase é minha.

[41] STENICO, Tommaso. *Era mediatica e nuova evangelizzazione*. Vaticano, Libreria Ed. Vaticana, 2001. pp. 272-273.

[42] ZUKOWSKI, A. A. Un nuovo senso del luogo per l'evangelizzazione: l'era virtuale e il Vangelo. In. WWW. *Chiesa-in-rete, Nuove tecnologie e pastorale*, Atti del Seminario di Assisi, 9-11 mar. 2000.

Parte VI
Missão da Igreja na cultura midiática

Falar da comunicação como espaço sociocultural para se realizar a evangelização no mundo contemporâneo significa abordar, sobretudo, um contexto de sociedade que se transforma em uma velocidade alucinante, marcada pelos avanços tecnológicos, sobretudo pela era digital, que provoca mudanças sociais e de costumes, em que o mundo das comunicações se apresenta como uma área de grande importância a ser refletida pela Igreja.

Este fato tem relevância quando pensamos que estamos inseridos neste meio e fazemos parte desta história. E João Paulo II, em seu recente discurso aos animadores da comunicação e da cultura, por ocasião de um Congresso na Itália,[1] lembra que somos protagonistas das mudanças atuais, daí a interpelação para interpretar o momento presente e para individualizar os caminhos para o desenvolvimento da missão da Igreja, segundo as linguagens e a sensibilidade do homem contemporâneo.

Trata-se do "lugar teológico" onde deve acontecer o dialogo entre fé e cultura midiática. E continua o papa, reforçando e incentivando para que não haja descuido da comunicação, o primeiro "areópago do mundo moderno", como ele próprio o denominou na encíclica *Redemptoris missio*:

> Estamos conscientes sobre o fato de que as rápidas transformações tecnológicas estão determinando, sobretudo no campo da comunicação social, uma nova condição para a transmissão do saber, para a convivência entre os povos, para a formação dos estilos de vida e das mentalidades. A comunicação gera cultura e a cultura se transmite mediante a comunicação.[2]

As mudanças rápidas das tecnologias de comunicação tem a ver com a vivência da fé cristã, quando pensamos, por exemplo, que

---

[1] João Paulo II aos animadores da comunicação e cultura por ocasião do Convegno Parabole Mediatiche, Vaticano, nov. 2002.

[2] Ibidem.

estamos imersos em uma cibercultura, a cultura virtual, que expressa o surgimento de um novo universal, sem totalidade. Um universo de técnicas, de práticas, de atitudes, de modos de pensamento e de valores que se desenvolvem e que chiassem (exercem?) influência sobre a fé e a vivência da religiosidade.[3]

Trata-se, então, de estabelecer o "diálogo" entre Evangelho e cultura, aprofundando as palavras de Paulo VI, "a ruptura entre o Evangelho e a cultura é, sem dúvida, o drama da nossa época" (EN, 20), expressão reconfirmada por João Paulo II na *Redemptoris missio* (37). Daí a importância e o convite para a Igreja conhecer, refletir e "iluminar" esse revolucionário "lugar teológico", que cada vez mais provoca a mudança de paradigmas e de linguagens e métodos pastorais na evangelização atual.

Por outro lado, seria um truísmo dizer que a Igreja sempre se interessou pela comunicação. Portanto, temos por certo que, neste momento, não se trata de elencar números e variedades de mídias católicas existentes no Brasil (certamente numerosas!). Nem mesmo listar os muitos batalhadores no campo da comunicação, que poderiam ser denominados "profetas". Fazem parte da história os esforços sem conta de articulações e políticas na comunicação (referimo-nos, sobretudo, à Igreja Católica); a implantação e o caminho percorrido pela pastoral da comunicação, por exemplo; os crescentes ensaios das redes de comunicação,[4] que já se tornam realidade, e tantas outras iniciativas. O interesse é evidente, e também crescente, em muitas áreas.

A diferença reside na *maneira* como a Igreja se ocupou da comunicação através dos séculos. A trajetória, como já explicitada, é longa, diversificada, lenta por vezes, recrudescida por outras. Encorajadora em determinadas situações. Audaz em circunstâncias particulares. Atualmente, o que parece constituir centralidade nas discussões, ou escassez de debates, são os *desafios* da cultura midiática que, no contexto das tecnologias de comunicação, giram ao redor de dois pontos centrais: o *desafio cultural* e o *desafio ético*, campos que, a nosso ver, poderiam constituir temas de interesse e aprofundamento para uma teologia católica.

Vivemos em uma sociedade tecnocrática, imersos na cultura midiática, como temos enfatizado ao longo do presente trabalho. Torna-se imperativa a necessidade de compreender a natureza, as dinâmicas, os êxitos do novo processo midiático para poder selecionar e escolher como desenvolver a evangelização, dialogando com a pessoa de hoje. Tomando como referência os jovens, percebemos que, fascinados pela sedução do virtual, fabricaram seu próprio espaço, cheio de atrativos e com um novo sistema de valores. Subtraíram-se do mundo adulto, que nem sempre tem lugar para eles.

---

[3] ZANON, Darlei. O impacto da cibercultura sobre a fé. *Perspectiva Teológica*, Belo Horizonte, n. 94, 2002.

[4] SOARES, Ismar de O. Celebrando 50 anos de comunicação sob a liderança da CNBB. In: *Presença pública da Igreja no Brasil*. São Paulo, Paulinas, 2003.

Daí que, ao falarmos em *comunicação como espaço para se realizar a evangelização*, automaticamente nos referimos à *prática*, a produtos "palpáveis", "finalizados" para o mercado. E quando pensamos em *desafios*, somos tentados a nos voltar para as perspectivas de "futuro" (de planejamento). No entanto, temos que falar já do presente. E abordá-lo como um *desafio* para a missão da Igreja. Por que do presente? Porque os fluxos da interação simbólica refletem a concepção dos processos de comunicação, traduzidos em mecanismos e práticas às vezes mais, por vezes menos adequados à finalidade das instituições, no caso a Igreja, com uma missão bem definida.[5]

A encruzilhada — Emergência de novos desafios na cultura midiática

Desafios emergentes que ultrapassam o "uso" da tecnologia:

O desafio cultural/pastoral. Considerando o quadro evolutivo da trajetória da comunicação, em suas diferentes fases, a comunicação chega, hoje, a constituir-se em um fenômeno que não somente é "usufruído", mas que vem definido como cultura, a cultura midiática. Ou seja, trata-se de uma nova ambiência. Estamos assistindo à "aurora de uma nova organização da vida coletiva e pessoal".[6]

Contextualizando a comunicação na "pós-modernidade", ela não se restringe mais a um único setor da atividade humana. Hoje, a comunicação inaugura o advento de um complexo modo de viver, redistribui e interage com a cotidianidade das pessoas, na qual se constroem os significados por meio das formas simbólicas e da diversidade de linguagens da mídia. Já dizia André Lemos que o ciberespaço é um novo ambiente que cria uma nova relação entre a técnica e a vida social;[7] um espaço onde se encontram as culturas e os vários modos de pensar, agir, sentir.

Acontece freqüentemente de nos encontrarmos despreparados diante das novas tecnologias, e assim, corremos o risco de não usá-las adequadamente. Mas aqui surge o primeiro grande desafio, em nossa opinião: não se trata apenas de a Igreja preparar-se "profissionalmente" para o uso das novas tecnologias e assim saber "mecanicamente" operacionalizar, manipular as novas invenções. O eixo fundamental reside no fato de compreender o que significa

---

[5] Documento do Vaticano II, *Lumen gentium*.

[6] GIUNTELLA, Paolo. *Il mondo in rete, solitari nella folla*. Conferência apresentada às Filhas de São Paulo, Roma, 2001.

[7] LEMOS, André. *Cibercultura – tecnologia e vida social na cultura contemporânea*. Porto Alegre, Sulina, 2002.

encontrar-se diante de uma verdadeira "revolução" tecnológica que exige ir além dos instrumentos, e tomar consciência das "mudanças" fundamentais que as novas tecnologias operam nos indivíduos e na sociedade, por exemplo nas relações familiares, de trabalho etc.

A questão não se coloca entre o aceitar ou rejeitar. Estamos diante de um fenômeno global, que se conjuga com tantos outros aspectos da vida social e eclesial. João Paulo II, na encíclica *Redemptoris missio*, considera o universo da comunicação social o "primeiro areópago do tempo moderno" e proclama a necessidade de superar uma leitura simplesmente instrumental dos *media*. Diz o Papa: "Não basta usar [os meios] para difundir a mensagem cristã [...] mas é preciso integrar a mensagem mesma nesta 'nova cultura' criada pela comunicação social" (n. 37).

Não basta apenas dispor de meios ou de um treinamento profissional; é preciso uma formação cultural, doutrinal e espiritual, bem como considerar a comunicação mais do que um simples exercício na técnica, como afirma o recente documento da Igreja *Ética na internet* (n. 11,3). A encruzilhada se dá no fato de que a Igreja precisa da competência e prudência para não deslanchar somente no campo da potencialidade das novas tecnologias da comunicação, mas no discutir e refletir sobre suas implicações, seja do ponto de vista de sua missão (sua identidade!), do cultural, econômico e político, e assim atuar com uma prática que se demonstre firme, convicta, competente, adequada e crítica, sabendo conjugar sua missão com as diferentes linguagens existentes no processo comunicativo.

Trata-se de refletir e estabelecer "eixos essenciais" que norteiem a pastoral da comunicação com coesão de princípios (sempre renovados!) e aplicados de forma inculturada e que ajudem as pessoas a viver sua fé de forma autêntica e completa sem o peso total na emoção. É preciso ter em conta que a apropriação humana das capacidades técnicas não é uma mera aprendizagem da manipulação técnica dos dispositivos; pressupõe uma indagação e um questionamento acerca das faculdades imaginárias da experiência, de suas dimensões ontológica, ética e estética.[8] Isto vai mais além do que simplesmente cair na "tentação" atual do *marketing* da fé.

A visão atual e de futuro que nos propõe a sociedade, em sua mudança de época, e o Magistério da Igreja impulsiona-nos a considerar e compreender a comunicação social como um fenômeno cultural do nosso tempo que requer formação cultural. Ou seja, não se trata apenas de elencar mais uma nova tecnologia no rol existente, mas considerar os vários e novos discursos que a semiologia, as linguagens, a mediação nos oferecem e que nos fazem conceber a comunicação de maneira acentuadamente diferente da visão tradicional.

---

[8] RODRIGUES, Adriano Duarte. *As novas tecnologias da informação e a experiência*. Lisboa, Universidade Nova de Lisboa, 2003.

O estudo da mídia deveria ser uma tarefa humanista, mas também humana: humanista em sua preocupação com o indivíduo e com o grupo; humana no sentido de estabelecer uma lógica distinta, sensível a especificidades históricas e sociais e que recusasse as tiranias do determinismo tecnológico e social.[9]

O estudo da mídia nos faz considerar, especialmente, que o espaço virtual constitui um campo amplo, aberto, com contornos ainda não distintos, impossível de reunir a um só componente (basta pensar na hipermídia, já com grandes avanços, também no campo da educação). Mais que um instrumento, o espaço virtual é um novo contexto que provoca a mudança de conceitos de espaço e tempo. Mas é justamente aí, nesse contexto, que a missão da Igreja deve também se desenvolver. Ela cumprirá, entretanto, missão, se levar em consideração a inculturação, o diálogo com a cultura. Então será possível propor o Evangelho sem impor. Não é difícil concluir, portanto, a necessidade de a Igreja rever sua estrutura pastoral, suas políticas de ação em relação à comunicação, mudando seus métodos a respeito da educação, das várias pastorais: da comunicação, da família, dos jovens, etc.

O desafio ético. As orientações do magistério eclesial, presentes nos últimos documentos da Igreja acerca da comunicação, vêm enfocando insistentemente a questão ética. Assim temos *Ética da publicidade* (1997), *Ética nas comunicações sociais* (2000), *Ética na internet* (2002). O conceito da Igreja sobre os meios de comunicação social é fundamentalmente positivo, encorajador. Ela não se limita simplesmente a julgar e condenar; pelo contrário, a Igreja considera os meios de comunicação não somente produtos da inteligência humana, mas também dádivas de Deus e verdadeiros sinais dos tempos.[10] Contudo, a Igreja está ciente de que os *mass media* nada fazem por si mesmos; as pessoas podem utilizá-los como preferirem. Assim que, ao refletir sobre esta temática, a Igreja afirma que deve

> enfrentar honestamente a "mais essencial" das questões levantadas pelo progresso tecnológico: se, como resultado disso, o ser humano torna-se verdadeiramente melhor, isto é, mais amadurecido do ponto de vista espiritual, mais consciente de sua humanidade, mais responsável, mais aberto para os outros...[11]

Os princípios éticos relevantes apontados pela Igreja com respeito à comunicação social, e que são enfatizados como necessidade de reflexão, debate e diálogo, configuram-se na solidariedade, subsidiariedade, justiça, eqüidade e verdade. Com firmeza, a Igreja aponta que a ética na comunicação social não se reduz às imagens do cinema e da televisão, às transmissões radiofônicas, às

---

[9] SILVERSTONE, Roger. *Por que estudar a mídia?* São Paulo, Loyola, 2002, p. 10.

[10] *Ética nas comunicações sociais*, n. 4. (2000).

[11] João Paulo II. *Redemptoris hominis*, n. 15, citado em *Ética nas comunicações sociais*, n. 4.

páginas impressas e à Internet, mas "a dimensão ética está relacionada não só ao conteúdo da comunicação e ao processo de comunicação, mas às questões fundamentais das estruturas e sistemas que, com freqüência, incluem grandes problemas de política..." E acrescenta que "pelo menos em sociedades mais abertas, a principal questão ética pode dizer respeito ao modo de equilibrar o lucro em relação ao serviço de interesse público, compreendido segundo uma concepção global do bem comum".[12] Nesse sentido o documento é enfático em ressaltar que o princípio ético fundamental é: "a pessoa e a comunidade humana são a finalidade e a medida do uso dos meios de comunicação social".[13]

Sem dúvida, a questão ética na comunicação está se tornando cada vez mais objeto de preocupação na sociedade em geral, pois da sua falta derivam muitas e graves conseqüências, que atingem o nosso planeta e seus habitantes. Está se tornando o tema de debates em círculos acadêmicos, congressos e outras esferas. Parece que a própria sociedade atinge o ápice na busca por reorientar-se e eliminar tantos aspectos que não contribuem para a dignidade da pessoa humana. Fica a pergunta como desafio: não seria este um "tempo favorável" para a Igreja se tornar a "verdadeira promotora" de debates e reflexões — não somente esporádicos! — sobre a ética nas comunicações sociais? A contribuição seria excelente para colocar em prática as orientações do magistério eclesial contemporâneo e, quem sabe, "retocar também alguns aspectos em nível interno da própria casa".

A progressiva insistência da Igreja: formação para a comunicação (uma apresentação)

A seu modo, segundo os critérios e cultura da época, bem como o grau de compreensão da Igreja em cada período, a Igreja sempre se interessou pela comunicação. Como explicitado presentemente, a diferença está na forma de percepção da comunicação através dos séculos. A trajetória é longa, cheia de percalços, lenta por vezes. Encorajadora em determinadas situações. Audaz em algumas circunstâncias.

Na realidade, uma leitura atenta dos documentos da Igreja sobre a comunicação revela-nos que, a seu modo, a Igreja, desde a encíclica sobre o cinema — *Vigilanti cura* — tem se preocupado com o receptor (mesmo mediante o incentivo para que se criassem em todos os países, órgãos nacionais que se ocupassem da "boa indicação" de filmes para os telespectadores). Assim também, em 1957, a *Miranda prorsus* demonstra preocupação com a formação do telespectador. É no decreto *Inter mirifica* que a Igreja se torna mais explícita a respeito da formação,

---

[12] *Ética nas comunicações sociais*, n. 20 (2000).

[13] Idem, ibidem. n. 21.

agora com uma diferença: a de que os sacerdotes e leigos não somente cuidem dos receptores, mas se preparem para o mundo da comunicação.

E diz textualmente:

> Tudo isso requer pessoal especializado no uso desses meios para o apostolado. É indispensável pensar em formar, desde cedo, sacerdotes, religiosos e leigos que desempenhem tais tarefas. É preciso começar por preparar os leigos do ponto de vista doutrinário, moral e técnico, multiplicando escolas, institutos e faculdades de comunicação... (IM, n. 15).

A insistência da Igreja, em termos de documentos, quanto à formação para a comunicação cresce em incentivo e torna-se cada vez mais explícita. É sempre importante lembrar as palavras incisivas da *Communio et progressio* (n. 111):

> Durante a sua formação, os futuros sacerdotes, religiosos e religiosas devem conhecer a incidência dos meios de comunicação na sociedade, bem como a sua técnica e uso, para que não permaneçam alheios à realidade, e não cheguem desprevenidos ao ministério apostólico que lhes será entregue. Tal conhecimento é parte integrante de sua formação; é condição sem a qual não é possível exercer um apostolado eficaz na sociedade de hoje, caracterizada, como está, pelos meios de comunicação. (1) Por isso, é necessário que sacerdotes, religiosos e religiosas conheçam de que modo se geram opiniões e mentalidades na sociedade atual, e assim se adaptem às condições do mundo em que vivem, uma vez que é aos homens de hoje que a Palavra de Deus deve ser anunciada, e que precisamente os meios de comunicação podem prestar valioso auxílio. Os que revelarem qualidades e gosto especiais, recebam uma formação mais acurada neste campo.

É neste contexto que a Igreja pede que as universidades e institutos católicos criem e desenvolvam cursos de comunicação social, cujos trabalhos e investigações devem ser dirigidos competentemente (CP, n. 113).[14]

O que não poderíamos deixar de considerar, entretanto, é o fundamental aspecto inovador, a grande "reviravolta" da reflexão do magistério eclesial em relação ao mundo da comunicação e que nos interessa, particularmente, neste momento da história Igreja-sociedade. Na história dos documentos e pronunciamentos do magistério sobre as comunicações sociais, uma significativa evolução de pensamento começa a tomar corpo. Mesmo no que diz respeito aos *new media*, a Igreja progride no esforço por compreender e expressar seu desejo de inculturar-se nos novos espaços dos processos comunicativos, a cultura midiática. Ela já não concebe mais a comunicação de forma restrita ou simplesmente como "meios" ou "instrumentos" a serem usados ou dos quais se precaver. Agora, ela se esforça para prosseguir na mudança de mentalidade, tentando compreender, na prática (porque nos documentos ela já o fez), como modi-

---

[14] Assim também outros documentos da Igreja, como *Orientação para a formação dos futuros sacerdotes sobre os meios de comunicação social*, da Congregação para a Educação Católica (1986), trazem indicações que merecem consideração e reflexão profundas sobre a formação dos seminaristas para a comunicação.

ficar seus métodos pastorais para que tenham em conta que a comunicação vai além do "manipular" máquinas de comunicação. Trata-se de uma cultura. A cultura midiática.

É em um documento, várias vezes mencionado neste trabalho devido à sua importância, que vamos encontrar um novo enfoque de missão da Igreja no mundo atual, a encíclica *Redemptoris missio* (1990), que ao se referir aos novos "areópagos" modernos como lugar de evangelização (missão), coloca o mundo da comunicação em primeiro lugar e insiste no novo contexto comunicativo como uma "nova cultura".

Além de mencionar que "talvez se tenha descuidado um pouco deste areópago: deu-se preferência a outros instrumentos para o anúncio evangélico e para a formação, enquanto os *mass media* foram deixados à iniciativa de particulares ou de pequenos grupos, entrando apenas secundariamente na programação pastoral", o documento sobre a missão da Igreja, no que diz respeito à comunicação, afirma algo que toca o processo unilateral da comunicação, em vigor ainda hoje (o paradigma de Lasswell). Incentiva a própria Igreja a entrar nos processos comunicativos atuais, quando diz que "não é suficiente, portanto, usá-los para difundir a mensagem cristã e o magistério da Igreja, mas é necessário integrar a mensagem nesta "nova cultura", criada pelas modernas comunicações" (RM, n. 37c).

Novos olhares, novas fronteiras da comunicação

Um dos questionamentos essenciais para a Igreja, no exercício de sua missão hoje, concentra-se nas oportunidades e desafios que o ciberespaço, a nova era virtual apresenta à evangelização no momento presente.

Freqüentemente, neste trabalho, consideramos a rápida evolução das tecnologias da comunicação. Elas realmente ultrapassam as possibilidades de nossa imaginação. Uma leitura acurada, e no Espírito, indica que a expansão de tais tecnologias crescerá de modo vertiginoso. Não existe sinal de estagnação e de retorno ao passado.

A nova fronteira virtual está aberta e trata-se de uma fronteira indefinida, em evolução, que ainda traz em seu bojo o entusiasmo típico das aventuras e dos pioneiros. Daí que as perspectivas deste Mundo Novo são inquietantes. A mudança é sempre desestabilizante e hoje estamos assistindo à transformação tecnológica mais veloz de toda a história do gênero humano. Para alguns, trata-se de um dom que interpela; já para outros, tudo se apresenta como uma ameaça que provoca medo.

É fácil recordar, por exemplo, na passagem para o novo milênio, quantos eventos midiáticos foram organizados. E enquanto os fogos de artifício explodiam, iluminavam a noite e os votos para o novo século multiplicavam-se, o novo milênio começava também com o temor do desastre do *millennium bug*. Parecia que todos os discursos precedentes e os que viriam trariam a cor da esperança, dos sonhos e dos medos ligados às tecnologias da comunicação, sobretudo o computador e a Internet. Se não nos demos conta antes, é chegada a hora de tomarmos consciência de que as tecnologias da comunicação têm o poder de controlar o que e como pensar, como planejar a vida. Cresceu, então, o nosso dar-nos conta de que o "primeiro areópago da idade moderna é o mundo das comunicações que está unificando a humanidade e transformando-a no que se definiu como 'aldeia global'. [...] E que é necessário integrar a mensagem na nova cultura criada pela comunicação moderna" (RM, n. 37c).

Certamente são muitas as questões a serem afrontadas nesta nova era das comunicações. Aos cristãos, especialmente aos que se dedicam à evangelização, apresenta-se o desafio de uma missão única e especial de enfrentar a mudança dos paradigmas da comunicação no século XXI. São questões que dizem respeito ao desenvolvimento dos povos e das culturas, ao individualismo *versus* comunidade, à emergência de novos problemas éticos e morais ligados à Internet, ao desafio de novos métodos de apreensão e ensinamento, e não o último lugar que Deus e a religião deve ocupar no ciberespaço. Nenhuma dessas questões pode ser considerada superficial, porque estamos vivendo em um patamar de formação de uma cultura virtual, uma cultura que se entrelaça com nossas crenças, códigos e cultos.[15]

No passado, a Igreja sempre "revestiu" de um papel de capital importância a formação da cultura, em todas as partes do mundo. Hoje, diferentemente do passado, a nova cultura virtual se expande com mais velocidade respectivamente aos tempos de reação da Igreja à mudança. E isto pode se tornar um grande problema. Ela estaria, segundo alguns autores, dando continuidade à ruptura do dialogo entre fé e cultura.[16]

Ciberespaço: a nova fronteira do Evangelho

A presença religiosa na *Web* é enorme e está em contínuo crescimento. Prova disso é, por exemplo, digitar a palavra "DEUS" em uma pesquisa com Netscape e o resultado será em torno de 600 mil respostas. A Yahoo Inc. coloca à disposição mais de 17 mil *sites* dedicados à religião e à espiritualidade. Para a

---

[15] Além das mensagens anuais do papa, por ocasião do Dia Mundial das Comunicações, a Igreja possui vários documentos sobre a comunicação. Entre eles, *Aetatis novae* (1992), *Ética na publicidade* (1997), *Ética nas comunicações sociais* (2002), *Igreja e Internet* (2002), *Ética na Internet* (2002). Para maior conhecimento sobre os documentos da Igreja, veja Dariva Noemi (org.). *Comunicação social na Igreja – documentos fundamentais*. São Paulo, Paulinas, 2003.

[16] Zukowski, Angela Ann. *L'era virtuale e il Vangelo*. Conferência proferida no Encontro de Assis, Itália, 2000.

palavra "católico", apresenta 15 categorias diversas com mais de 3.700 *sites*. A cada dia, novas dioceses, instituições católicas (universidades, escolas fundamentais e de ensino médio, comunidades religiosas etc.), associações, colocam-se no ciberespaço.

Enquanto existe, para muitos ainda, a preocupação de como "controlar o uso da palavra 'católico' na *Web*", damo-nos conta de que a resposta a tal atitude não pode ser senão negativa. O ciberespaço não tem confim ou autoridade a quem apelar. Estamos diante de um "novo e diverso tipo de lugar e território", sem barreiras ou controles tradicionais e, pelo menos até o momento, sem qualquer autoridade, secular ou religiosa. Daí a importância da formação não somente para o uso ou a manipulação técnica da Internet, mas para uma sólida educação para a liberdade responsável e os valores humanos e cristãos.

Isto porque, com ou sem nossa presença, a nova cultura virtual está criando e transformando, de qualquer modo, todos aqueles que se aventuram na navegação dos seus horizontes infinitos. Podemos escolher: tornarmo-nos sentinelas morais em luta "contra o demônio do ciberespaço" ou transformarmo-nos em artesãos ou escultores desta nova cultura que está nascendo. Seria de capital importância que nos dispuséssemos a colaborar com outros para assegurar o acesso a uma educação de qualidade, fazendo evangelização e catequese no ciberespaço, dispostos a ver o ciberespaço como uma alternativa ou um lugar para a expressão religiosa *on-line* (o culto, a oração, retiros etc.). Para isso tudo, é preciso que nos preparemos, não simplesmente que sejamos informados, mas que sejamos artífices (fazedores) ativos neste lugar chamado ciberespaço.[17]

Igreja e ciberespaço:
um novo "portal" para a evangelização[18]

Dois documentos recentes — *Igreja e Internet* e *Ética e Internet* — são os últimos textos do magistério da Igreja (2002) oferecidos pelo Pontifício Conselho para as Comunicações Sociais.

---

[17] Para maior conhecimento sobre o que é o ciberespaço, recomendamos os livros de Pierre Levy, *Cibercultura*, São Paulo, Editora 34, 2000 e de André Lemos, *Cibercultura – tecnologia e vida social na cultura contemporânea*, Porto Alegre, Sulina, 2002.

[18] Ao privilegiarmos o enfoque dos *new media* para a consideração da missão da Igreja com os *media*, não queremos de forma alguma subestimar o grande valor dos meios de comunicação impresso, rádio, televisão etc., meios estes que devem estar presentes no desenvolvimento da evangelização. Para o presente trabalho, tivemos como ponto de partida e fio condutor a idéia de comunicação e sua evolução, seja na sociedade ou na Igreja, através dos séculos.

Considerando a evolução do pensamento da Igreja sobre a comunicação através dos séculos, as reflexões propostas por tais documentos, e fruto de um amplo trabalho de pesquisa e estudo, revelam o esforço da Igreja em abordar um tema tão complexo e tão atual como o da Internet. Tratando-se de um instrumento que se caracteriza pela capacidade de integração homem-máquina, pela *inter*-atividade — pois quem utiliza a Internet está sempre mais ligado a um percurso de utilização pré-formulado, mas pode escolher o material, como organizá-lo e determina o próprio itinerário, que não é idêntico para todos etc. —, a Internet tem como "ponto de força" o contínuo enriquecimento dos serviços oferecidos e o seu progresso em ritmo velocíssimo.

Os textos, com uma elaboração que leva em conta a nova cultura da comunicação do ponto de vista sociológico, têm também um estilo que flui e convida à reflexão, com proposições precisas, evidenciando as preocupações da Igreja com o ser humano e tecendo recomendações para os usuários da Internet. Mesmo falando sobre ética, os escritos demonstram conhecimento da cultura, das implicâncias, das vantagens e desvantagens de tal instrumento, mas não trazem a marca da imposição. Defendem valores e os propõem para a vivência e para a evangelização.

Evidenciam-se algumas solicitações, em particular um grande encorajamento para acolher a rede da Internet com toda a sua potencialidade e fazer dela uma ocasião de crescimento para toda a comunidade eclesial. Esta perspectiva é, sem dúvida, o pára-raio sobre o qual se insere a reflexão mais precisa sobre o instrumento especifico do *web site*. A Internet, também através desses pronunciamentos, tem já uma espécie de "cidadania" e, portanto, tais documentos sancionam uma acolhida oficial entre os âmbitos que tocam a missão da Igreja no nosso tempo.

De modo particular, o texto de *Igreja e Internet* diz: "...além do estudo e da pesquisa, pode-se e deve-se fomentar um programa pastoral específico para a utilização da Internet" (n. 9), e assim abre e respalda a pastoral no ciberespaço. No entender de alguns autores, este é um dos aspectos cruciais, porque remete à urgência de desenvolver uma programação, o mais possível, orgânica da projeção pastoral. Um segundo aspecto é o de tornar a todos participantes e também intérpretes desta nova potencialidade que se oferece à missão da Igreja na Internet.

Assim, o mesmo documento (n. 10) sublinha a importância de as pessoas, em todos os níveis, no âmbito eclesial, utilizarem a Internet de modo criativo para cumprir as próprias responsabilidades e para desenvolver a ação de Igreja.

Existem já várias conferências episcopais que contemplam (ou desejam inserir) em seus planos pastorais o uso da Internet para a evangelização. Recentemente, e com base nos documentos da Igreja, e dentro de uma reflexão crescente, o episcopado italiano, por exemplo, publicou um diretório sobre a comunicação social na missão da Igreja[19] contendo orientações pastorais e intitu-

---

[19] O diretório encontra-se disponível no site www.chiesacattolica.it.

lado *Comunicar o Evangelho num mundo em mudança*. Também neste documento, os bispos consideram que entre as mudanças que ocorrem na sociedade está a comunicação e, em particular, as novas tecnologias. Tudo isto, afirmam, constitui o terreno sobre o qual deve mover-se a realidade eclesial.

Naturalmente, ao valorizar e entrar na cultura do ciberespaço, a Igreja também se preocupa com a sua incidência sobre a fé, a educação, a verdade, a ética, a moral entre outros aspectos. É nesse sentido que a própria Igreja convida e incentiva, de muitas maneiras, a reflexão, a formação, a educação para a comunicação, ultrapassando o simples exercício técnico, distinguindo as vantagens e desvantagens que a própria Internet apresenta. Nesse sentido, muitos encontros, convenções, painéis, mesas-redondas são realizados com universidades católicas e outras instituições, com o objetivo de promover iniciativas de alto teor cultural para o aprofundamento e busca de caminhos que possam contribuir para o verdadeiro desenvolvimento da pessoa no aspecto humano-cristão.

Outro aspecto importante, evidenciado sobretudo nos números 8 e 11 do documento *Igreja e Internet*, diz respeito a como ajudar as pessoas que administram a Internet, mas também que usufruem deste instrumento, a saber fazer as verdadeiras escolhas dentro deste panorama onde é difícil ter garantia de bons *sites*. Há um "abuso" de *sites* "católicos", com uma definição amplamente difusa, sendo difícil para o usuário distinguir sem uma preparação cultural e teológica.

Concluindo esta parte do nosso trabalho, não poderíamos deixar de tomar as palavras de uma teóloga contemporânea, Maria Dolores de Miguel, que em seu livro *Con el Señor en la cibercultur@* fala do Espírito que trabalha com os cibernautas:

> O cristianismo se encarna na cultura, porém não para absolutizá-la, mas para recriá-la e potencializá-la [...]. É urgente uma formação rigorosa na dinâmica do mercado e da linguagem midiática e, sobretudo, a energia e vitalidade que somente o Espírito de Deus nos pode dar. Esta é a única autopista de comunicação capaz de ajudar a construir a comunhão [...] é a única infovia capaz de desmascarar a falsidade do mal, tão sedutora e atrativamente disfarçada [...]. A cibercultura apresenta grandes sombras, mas também surpreendentes acertos. Para poder inculturar-nos nela e evangelizá-la, necessitamos conhecê-la e amá-la.[20]

---

[20] MIGUEL, Maria Dolores de. *Con el Señor en la cibercultur@*. Madrid, Bac, 2001. A tradução é minha.

Missão da Igreja na cultura midiática

1. CONTEXTO SOCIOCULTURAL

2. ECLESIAL (relativo à Igreja)
(Magistério)

CULTURA → VÁRIOS CONCEITOS

IGREJA

DOCUMENTOS

M O D E R N I D A D E

RAZÃO/RACIONALIDADE
instrumental/técnico-informática

- - - - -

DISCURSO/LIBERDADE

FELICIDADE

PÓS-MODERNIDADE

Era PÓS-INDUSTRIAL (rev. tec.)

FRUSTRAÇÃO
"DESREFERÊNCIA"/REAL
FRAGMENTAÇÃO
TEMPO/ESPAÇO
EMOÇÃO
ESTÉTICA/FORMA
GLOBALIZAÇÃO

CULTURA DE MASSA — Era Industrial

mutações fundamentais — digital

COMUNICAÇÃO CULTURA

elemento articulador
- "pessoa visual"
- "mente interativa"
- novas modalidades de produção
- novos comportamentos
- nova percepção da fé (métodos, linguagens...)

CIBERCULTURA

Vigilanti cura (1936)
Miranda prorsus (1957)
Inter mirifica (1963)
Communio et progressio (1971)

Evangelii nuntiandi (1975)
Redemptoris missio (1990)
Aetatis novae (1992)
Ecclesia in Africa (1995)
Ética da publicidade (1997)
Ética nas comunicações sociais (2000)
Igreja e Internet (2002)
Ética na Internet (2002)
Mensagens de João Paulo II sobre a comunicação – de 1967 a 2005

Conclusão

Parece quase ironia dizer que este livro não deveria apresentar conclusão, pois trata-se, realmente, de um debate inconcluso. Aliás, esta é mesmo a intenção: *provocar* a reflexão, a discussão e, portanto, fazer nascer políticas dinâmicas de comunicação, seja nas diversas pastorais da Igreja, especialmente a Pastoral da Comunicação (PASCOM), seja na necessidade de, nos ambientes acadêmicos, pensar, discutir a comunicação de forma mais livre e responsável, sem se atrelar às ofertas da sociedade que indicam esta ou aquela direção de comprometimento com determinadas filosofias de empresa. O conhecimento cultural, principalmente da evolução da idéia da comunicação através dos séculos, quer propiciar e fundamentar este debate.

Para a Igreja, no desenvolvimento de sua missão, a *provocação* se apresenta, sobretudo, na inspiração bíblica de que "Deus armou a sua tenda" em nossa história. E a cultura midiática, na sua complexidade, é parte da história, como elemento articulador de idéias, comportamentos, relações dos humanos. O ser humano vive em uma nova ambiência. E é nessa ambiência que a Igreja é chamada a viver sua identidade, dizer ao mundo que existe um Deus que nos ama, nos salva e conduz; que Jesus Cristo é o Caminho, a Verdade e a Vida, como ele afirmou de si próprio (Jo 6,14). Este "dizer" requer uma compreensão profunda não só do ser humano, mas das transformações pelas quais ele passa, particularmente aquelas em que ele vive imerso hoje, isto é, a cultura midiática.

Assim, consciente de sua identidade — a missão de evangelizar — a Igreja poderá desenvolver um diálogo interativo entre fé e cultura, situando-se, preparando-se, formando-se, dialogando, estabelecendo políticas que levem em consideração a idéia da comunicação através dos tempos e *chegue ao hoje*, numa visão renovada e desafiadora de conhecer e absorver a revolução das linguagens existentes, principalmente com o surgimento dos *new media*. Há, hoje, um "novo" ser humano, um novo contexto, uma nova educação, um novo relacionamento, um novo (e sempre renovado) desejo de buscar a Deus. Portanto, a missão da Igreja, neste campo, já não é opcional. Ela é um dever e oxalá pudesse estar no topo de suas prioridades, pois tudo passa pela comunicação.

Bibliografia

ALASUUTARI, Pertti (org.). *Rethinking the media audience*. Londres, Sage Publications, 1999.

BARAGLI, Enrico. *L'Inter mirifica*. Roma, Studio Romano della Comunicazione Sociale, 1969.

_____. *Comunicazione, Comunione e Chiesa*. Roma, Studio Romano della Comunicazione Sociale, 1973.

BETTETINI, Gianfranco & COLOMBO, Fausto. *Le nuove tecnologie della comunicazione*. Milãno, Bompiani, 1996.

BEOZZO, José O. "A recepção do Vaticano II na Igreja do Brasil". In: *Presença Pública da Igreja no Brasil*. São Paulo, Paulinas, 2003.

BOFF, Leonardo. *Igreja: carisma e poder*. Petrópolis, Vozes, 1982.

BRETON, Philippe & PROULX, Serge. *Sociologia da comunicação*. São Paulo, Loyola, 2002.

BURKE, Thomas. "Communications". *The documents of Vatican II*. New York, Guild Press, 1966.

CAREY, James W. "A Cultural Approach to Communication". In: *Communication*, 2, 1975, 1-22, Gordon & Breach Publishers, 1975.

_____. "Mass communication and cultural studies: an American view". In: J. Curran, Michael Gurevith & Janet Wollacott (orgs.). *Mass Communication and Society*. London, Edward Arnold, 1977.

_____ (org.). *Media, myth, and narratives: television and the press*. Newbury Park, CA, Sage, 1988.

CASTELLS, Manuel. *The information age: economy, society and culture*, I. *The rise of the network society*. Oxford & Malden (EUA), Blackwell Publishers, 2001.

COULDRY, Nick. *The place of media power: Pilgrims and witnesses of the media age*. London/New York, Routledege, 2000.

DARIVA, Noemi (org.). *Comunicação Social na Igreja – documentos fundamentai*s. São Paulo, Paulinas, 2003.

DOWBOR, L; IANNI, O.; RESENDE, Paulo E.; SILVA, H. (orgs). *Desafios da comunicação*. Petrópolis, Vozes, 2001.

DUARTE RODRIGUES, Adriano. *As novas tecnologias da informação e a experiência*. Lisboa, Universidade Nova de Lisboa, 2003.

FISKE, John. *Television Culture*. Londres, Routledge, 1987.

GATTES, Bill. *A estrada do futuro*. São Paulo, Companhia das Letras, 1995.

GEERTZ, Clifford. *Interpretation of Cultures*. Nova York, Basic Books, 1973.

GIDDENS, Anthony. *New rules of sociological method: a positive critique of interpretative sociologies*. London, Hutchinsdon, 1976.

_____. *Central Problemas in Social Theory: action, structure and contradiction in social analysis*. Berkeley, University of California Press, 1979.

GIDDENS, Anthony. *The constitution of Society: outline of a theory of Structuration*. Berkeley, University of California Press, 1984.

_____. *The consequences of Modernity*. Cambridge, Polity Press, 2000.

GOSCIOLA, Vicente. *Roteiro para as novas mídias* – do game à TV interativa. São Paulo, Senac, 2004.

HALL, Stuart. *A identidade cultural na pós-modernidade*. Rio de Janeiro, DP&A Editora, 2003.

HARVEY, David. *A condição pós-moderna*. São Paulo, Loyola, 1992.

HOOVER, Stewart. *Mass Media Religion: the social sources of the Electronic Church*. Newbury Park, Sage Publications, 1988.

IANNI, Octavio. *A sociedade global*. São Paulo, Civilização Brasileira, 1993.

_____. *Teorias da globalização*. São Paulo, Civilização Brasileira, 2002.

INNIS, Harold. *Empire and communications*. Oxford, Oxford University Press, 1950.

_____. *The Bias of communication*. Toronto, University of Toronto, 1951.

JOÃO PAULO II. Carta Encíclica *Redemptoris missio*, 1990. Carta Encíclica *Centesimus annus*, 1991. Carta Apostólica *O rápido desenvolvimento* (aos responsáveis pelas Comunicações Sociais), 2005.

KROEBER, A. L. & KLUCKHORN, C. *Culture: a critical review of concepts and definition*. Cambridge, Harvard University Press, 1952.

LASCH, Christopher. *La Cultura del Narcisismo: l'individuo in fuga dal sociale in un'età di disillusioni collettive*. Milano, Bompiani, 1992.

LEMOS, André. *Cibercultura – tecnologia e vida social na cultura contemporânea*. Porto Alegre, Sulina, 2002.

LEVY, Pierre. *Cibercultura*. São Paulo, Editora 34, 2000.

LIBANIO, João B. *Teologia da revelação a partir da modernidade*. São Paulo, Loyola, 1992.

LIEVROUW, Leah & LIVINGSTONE, Sonia (orgs.). *The Handbook of New Media*. London, Sage Publications, 2002.

LIVINGSTONE, Sonia M. *Making Sense of Television: the Psychology of Audience Intepretation*. Oxford, Pergamon Press, 1990.

MANSELL, Robin (org.). *Inside Communication Revolution – evolving patterns of social and technical interaction*. Oxford, Oxford University Press, 2002.

MARQUES DE MELO, José. "Igreja e Comunicação". In: Ismar O. Soares & Joana T. Puntel (orgs.). *Comunicação, Igreja e Estado na América Latina*. São Paulo, UCBC-Paulinas, 1985.

_____. ROCHA DIAS, Paulo (orgs.). *Comunicação, Cultura, Mediações – o percurso intelectual de Jesús Martín-Barbero*. São Paulo, Metodista/Unesco, 1999.

MARTÍN BARBERO, J. *Communication, Culture and Hegemony: the Media to the Mediations*. London, Sage Publications, 1993.

MARTINS, F. Menezes & SILVA, J. Machado da (orgs.). *A genealogia do virtual: comunicação, cultura e tecnologia do imaginário*. Porto Alegre, Sulina, 2004.

McQUAIL, Denis (org.). *McQuail's Reader in Mass Communication Theory*. London, Sage Publications, 2002.

MIGUEL, Maria Dolores de. *Con el Señor en la cibercultur@*. Madrid, Bac, 2001.

MORAIS, Denis de (org.). *Por uma outra comunicação*. Rio de Janeiro/São Paulo, Record, 2003.

MORLEY, David. *Television, Audiences and Cultural Studies*. London,: Routledge, 1992.

_____ & REY, Germán. *Os exercícios do ver – hegemonia audiovisual e ficção televisiva*. São Paulo, Senac, 2001.

NEGROPONTE, Nicholas. *A vida digital*. São Paulo, Companhia das Letras, 1995.

NEWCOMB, Horace & ALLEY, Robert S. *The Producer's Medium: Conversations with Creators of American TV*. New York, Oxford University Press, 1983.

PETERS, J. Durham. *Speaking into the air – a history of the idea of Communication*. Chicago/ London, University of Chicago Press, 1999.

PUNTEL, Joana T. *A Igreja e a democratização da comunicação*. São Paulo, Paulinas, 1984.

_____. "A Igreja e os meios de comunicação na sociedade brasileira a partir do Concílio Vaticano II". In: *Concílio Vaticano II – análise e prospectivas*. São Paulo, Paulinas, 2004.

REAL, Michael R. *Super-Media: a cultural studies approach*. London, Newbury Park, Sage Publications, 1989.

SILVERSTONE, Roger. *The message of television: myth and narrative in contemporary culture*. London, Heinemann Educational Books, 1981.

_____ & HIRSH, Erick (orgs.). *Consuming Technologies: Media and Information in Domestic Spaces*. London, Routledge, 1992.

_____. *Television and everyday life*. London/New York, Routledge, 1994.

_____. *Por que estudar a mídia?* São Paulo, Loyola, 2002.

SLEVIN, James. *The Internet and Society*. Cambridge, Polity Press, 2000.

SOARES, Ismar de O. *Do Santo Ofício à libertação*. São Paulo, Paulinas, 1988.

_____. "Celebrando 50 anos de comunicação sob a liderança da CNBB". In: *Presença Pública da Igreja no Brasil*. São Paulo, Paulinas, 2003.

SPOLETINI, Benito. *A missão num mundo em mudança*. São Paulo, Paulinas, 1983.

THOMPSON, João B. *Ideologia e cultura moderna*. Petrópolis, Vozes, 2001.

_____. *A mídia e a modernidade*. Petrópolis, Vozes, 2001.

TURNER, Graeme. *Britisch cultural studies: an Introduction*. London, Routledege, 1990.

WHITE, Stephen K. *Political theory and postmodernism*. Cambridge, Cambridge University Press, 1992.

WHITE, Robert. *Communication research trends*. Saint Louis, Saint Louis Univeristy, Vol. 14, 1994.

WILLIAMS, Raymond. *Communications*. London, Penguin, 1962.

_____. *Culture*. London, Fontana, 1981.

ZUKOWSKI, Angela A. "Un nuovo senso del luogo per l'evangelizzazione: l'era virtuale e il Vangelo". In: www. *Chiesa-in-rete, nuove tecnologie e pastorale*, Atti del Seminario di Assisi (Itália), 2000.

Sumário

PREFÁCIO 7

INTRODUÇÃO 9

PARTE I
IDÉIA DA COMUNICAÇÃO ATRAVÉS DOS SÉCULOS 17
Fontes cristãs 18
Uma visão do espiritualismo no século XIX 21
O conceito de comunicação 23
Os vários sentidos de "comunicação" 25
Debates teóricos da década de 1920 27
Martin Heidegger e John Dewey: visões importantes
da década de 1920 29
Os pensadores de hoje 31
Depois da Segunda Guerra Mundial 32

PARTE II
SURGIMENTO DOS *MASS MEDIA*
A COMUNICAÇÃO MEDIADA 37
A transformação institucional 39
A comunicação de massa: algumas características 40
Concepção de cultura 42
Aspectos da transmissão cultural 47
Interação mediada 50
O surgimento da mediação 51
Recepção: a "interpretação" que o público faz da mídia 53
Quatro abordagens à teoria
da "recepção/interpretação" da audiência 54
Mito e ritual 67

PARTE III
A REVOLUÇÃO DA COMUNICAÇÃO: OS *NEW MEDIA* 73
A revolução das comunicações 74
Off-line e *on-line* – a Internet 78
A nova mídia: mudança na paisagem social 81

PARTE IV
ERA DE TRANSFORMAÇÕES SOCIOCULTURAIS
E COMUNICACIONAIS 8:
    Premissas indispensáveis na consideração das mutações epocais 8:
    "Eixos" da sociedade neste início de milênio 8
    Globalização 8
    Modernidade e pós-modernidade: raízes e conseqüências 9
    A comunicação como elemento articulador da mudança social 10

PARTE V
A IDÉIA DA COMUNICAÇÃO NA IGREJA
ATRAVÉS DOS SÉCULOS 11
    Comunicação: primeira vez em um Concílio 12
    Inter mirifica: aceitação oficial da Igreja
    dos meios de comunicação 12
    Nos passos do Concílio 12
    Igreja: a trajetória e a prática
    na reprodução simbólica (comunicação) 12
    Uma reviravolta de pensamento? 13

PARTE VI
MISSÃO DA IGREJA NA CULTURA MIDIÁTICA 13
    A encruzilhada — Emergência de novos desafios
    na cultura midiática 13
    A progressiva insistência da Igreja:
    formação para a comunicação (uma apresentação) 13
    Novos olhares, novas fronteiras da comunicação 14
    Ciberespaço: a nova fronteira do Evangelho 14
    Igreja e ciberespaço: um novo "portal" para a evangelização 14

CONCLUSÃO 14

BIBLIOGRAFIA 14